OS ENSINAMENTOS DA SABEDORIA ETERNA

UMA INTRODUÇÃO AO LEGADO ESPIRITUAL DA HUMANIDADE

BENJAMIN CREME

Fundação Share International

The Ageless Wisdom Teachings
Direito Autoral © 2017 Benjamin Creme, Londres
Publicado pela Fundação Share International
Todos os direitos reservados
Primeira impressão em inglês em 1996

ISBN 13: 978-94-91732-07-2

Primeira Edição em Português, 2017

Tradução: Thiago Staibano Alves

Fundação Share International
Amsterdã – Londres

Benjamin Creme

Tabela de Conteúdos

Introdução 1
Os Ensinamentos da Sabedoria Eterna 4
   Esoterismo 6
   Fonte de Ensinamento 7
   Deus 9
   Energias 10
   Os Sete Raios 12
   Renascimento e Reencarnação 15
   A Lei de Causa e Efeito 22
   O Plano de Evolução 27
   Evolução e Iniciação 29
   Os Mestres da Sabedoria 33
   O Cristo 37
   O Anticristo 40
   A Origem do homem 43
   Meditação e Serviço 43
   Espiritualidade 45
   Mudanças Futuras 48
A Emergência do Instrutor do Mundo – Em resumo 50
A Reorganização das Prioridades 53
O Homem Deve Mudar ou Morrer 55
A Grande Invocação 56
A Oração Para a Nova Era 57
Glossário de Termos Esotéricos 58
Livros por Benjamin Creme 67
Share International 78
Leituras recomendadas 80

*Nota do Editor: Esta entrevista foi extraída de *Maitreya's Mission, Vol.3* por Benjamin Creme.

Introdução

Em cada era, ou em tempos de crise excepcional, grandes instrutores espirituais vieram ao mundo para permitirem a humanidade tomar o seu próximo passo evolucionário. Nós os conhecemos, entre outros, como Hércules, Rama, Sankaracharya, Krishna, Buda, Maomé e o Cristo. Cada um deu um corpo de ensinamento, um tema central e comum do que são "corretas relações humanas". Por exemplo:

- **Cristianismo**: "Tudo o que gostaria que fizessem à você, você deve fazer aos outros..."
- **Budismo**: "De cinco formas um homem de um clã deve ministrar aos seus amigos e familiares – por generosidade, cortesia e benevolência, tratando ele como ele trata a si mesmo, e sendo tão bom quanto a sua palavra
- **Hinduísmo**: "Não faça aos outros, o que se feito à você, lhe causaria dor."
- **Islamismo**: Nenhum de vocês é um crente até que ame o seu irmão tanto quanto você se ama."
- **Judaísmo**: "O que é danoso à você, não o faça ao seu companheiro."
- **Taoísmo**: "Veja o ganho de seu vizinho como o seu próprio ganho e veja a perda de seu vizinho como a sua própria perda."

De tais ensinamentos simples, os homens historicamente construíram dogmas complexos e rituais, dispostos a matar e serem mortos em nome de suas ideologias. Tal intolerância religiosa tem sido, e continua sendo, a base para muita da discórdia e sofrimento no mundo. *Quando homens e mulheres de cada fé compreenderem que eles partilham um legado espiritual comum, como filhos do Único Pai – seja lá por qual nome suas tradições escolheram chamá-Lo – uma nova era de fraternidade e paz começará.*

Esta fonte comum de sabedoria é um antigo corpo de ensinamento espiritual, passado de geração à geração, e conhecido como a "Sabedoria Eterna". Como uma *ciência* esotérica – significando simplesmente que ela está além do entendimento ou compreensão da pessoa comum – ela apresenta um relato sistemático e compreensivo do processo evolucionário, no homem e na natureza, de um ponto de vista energético: como o universo veio à existência, como ele opera, e o lugar do homem nele. O Esoterismo, como ele é algumas vezes chamado, também é a *arte* de trabalhar com essas energias que emanam das fontes espirituais mais altas. Por detrás das cenas, estes ensinamentos guiaram e moldaram civilização após civilização, levando à todos os grandes avanços no esforço humano, sejam eles na ciência, política, as artes ou religião.

Os ensinamentos da Sabedoria Eterna foram tornados pela primeira vez disponíveis ao púbico geral em cerca de 1875 por Helena Petrovna Blavatsky em seus trabalhos seminais *A Doutrina Secreta* e *Ísis sem Véu*. Blavatsky estabeleceu a Sociedade Teosófica para introduzir esta "nova" perspectiva sobre a historia e evolução humana. A fase intermediária do ensinamento foi revelada por Alice A. Bailey que, de 1919 até 1949, colaborou com um Mestre da Sabedoria conhecido como "o Tibetano". Através de um processo de ofuscamento telepático, o Mestre Djwhal Khul comunicou um vasto corpo de informação sobre o mundo e seu futuro.

Desde 1974, o artista Britânico Benjamin Creme tem sido a fonte de mais revelações dizendo respeito à Sabedoria Eterna e em particular, sobre a emergência de Maitreya, o Cristo e Instrutor do Mundo para a era vindoura – informação que o Sr. Creme recebe através de seu constante contato telepático com um Mestre da Sabedoria.

Benjamin Creme dá palestras ao redor do mundo sobre este assunto e deu centenas de entrevistas em rádio, televisão e impressas. Compilado dessas palestras, seus livros foram traduzidos e publicados em várias línguas por grupos respondendo à sua mensagem. Ele também é o editor da *Share International*, uma revista mensal circulando em mais de 70 países. Ele não recebe remuneração por este trabalho e não faz reivindicações sobre seu próprio status espiritual.

O principal artigo neste livro dá uma visão geral dos preceitos básicos do esoterismo e é transcrito de uma entrevista com Benjamin Creme por Rollin Olson, que ocorreu em Novembro de 1994 em Los Angeles, EUA. Leitores que são novos nesse assunto talvez gostariam de ver primeiramente o glossário de termo esotéricos começando na página 45 para se familiarizarem com alguns dos termos freqüentemente utilizados. Para aqueles que desejam mergulhar mais nos mistérios do universo, uma lista de leituras sugeridas está inclusa.

"Quando vocês Me verem e ouvirem, vocês perceberão que vocês têm sabido há muito tempo as Verdades que Eu pronuncio... Estas simples Verdades, Meus amigos, delineiam toda a existência. Partilha e Justiça, Fraternidade e Liberdade não são conceitos novos. Desde a aurora do tempo a humanidade tem ligado sua aspiração para estas estrelas em chamas. Agora, Meus amigos, nós iremos ancorá-las no mundo."
—Maitreya, o Instrutor do Mundo (da Mensagem Nº 105)

Os Ensinamentos da Sabedoria Eterna
Entrevista com Benjamin Creme por Rollin Olson

Rollin Olson: Cada dia parece que as pessoas estão falando em como as coisas estão fora de controle – corrupção comandando países, economias em colapso, pessoas perdendo seus empregos, alguns se tornando sem-tetos, a unidade familiar se quebrando. Muitas pessoas não vêem mais propósito na vida. Outras continuam esperando uma mudança. Você vê alguma esperança para o futuro?

Benjamin Creme: Muita. Eu acho que diante da humanidade está uma civilização mais brilhante do que qualquer coisa que este mundo já viu.

RO: Mas como, dados os problemas que nós temos hoje?

BC: Eu acho que estes problemas são realmente temporários. Eles são o resultado do fato de que tremendas novas energias cósmicas estão influenciando nosso mundo e criando o presente – temporário – tumulto e caos. Nossa divindade inata, potencial em cada ser humano, é suficiente, eu acredito, para nos mostrar um caminho para fora destes problemas e criar as condições que irão garantir, não apenas a continuidade da humanidade, mas a criação de uma civilização que irá satisfazer cada uma de nossas aspirações.

RO: Você diz "divindade inata". Quem somos nós, realmente?

BC: Nós realmente somos deuses em encarnação. Nós precisamos reconhecer nossa constituição tripla: nós somos uma centelha de Deus; cada religião postulou isso e manteve a idéia de nossa divindade diante da humanidade por milhares de anos. Mas isso pode ser visto mais cientificamente e ainda corretamente. Falando como um esoterista, eu diria que a centelha divina é tão refinada em vibração que ela não consegue se

Benjamin Creme (esquerda) com Rollin Olson

manifestar diretamente no plano físico. Ela se reflete, portanto, como a alma humana individualizada. A alma, por sua vez, reflete a si mesma na personalidade humana, com seus corpos físico, emocional e mental. Através da personalidade do plano físico, a alma ordena seu processo de reencarnação, até que finalmente o indivíduo no plano físico, o homem ou mulher, reflete perfeitamente a qualidade da alma, que é a qualidade divina da centelha de Deus.

RO: O que está ficando no caminho para se expressar esta divindade agora?
BC: A principal coisa é a de que no nível grosseiro do plano físico há uma resistência, uma limitação da expressão de nossa divindade. Daí a expressão de egoísmo pela maior parte da humanidade. Nós então criamos condições – políticas, econômicas e sociais – que impedem ainda mais nossa divindade de se expressar. Quando as mudanças, que estão agora a caminho, irem mais adiante e refletirem a natureza espiritual *essencial* da humanidade, nós iremos criar as condições – políticas, econômicas, religiosas, sociais e científicas – que irão permitir à divindade inata de todas as pessoas se manifestar.

RO: Se nós somos divinos inatamente, então qual é o nosso propósito, à qual objetivo nós estamos almejando como uma raça?
BC: Como uma raça, nosso propósito é o de espiritualizar a matéria. Nós somos espírito na matéria, em encarnação neste nível relativamente baixo (embora do ponto de vista do mineral, do vegetal e do animal, é um nível relativamente alto). Do ponto de vista do espírito, o ser humano, com um corpo físico, astral e emocional, não é uma expressão muito clara da divindade. O processo evolucionário, portanto, é aquele pelo qual nós espiritualizamos a matéria de nossos próprios corpos e, assim, a própria matéria. É por isso que nós estamos aqui: para espiritualizar a matéria, para infundir a matéria de nossos corpos físico, astral e mental com as qualidades da alma, que é perfeita; perfeito espírito refletido da centelha de Deus.

RO: As pessoas freqüentemente falam sobre seus corpos físicos, sobre suas emoções, seus pensamentos. Você está dizendo que

existe realmente um corpo que são as emoções, um corpo que é a mente, junto com um corpo físico denso?
BC: Sim, de fato. Estes são veículos para o aspecto espírito, trabalhando através da alma, se expressar nesse nível. Gradualmente, através do processo de encarnação e reencarnação, nós, de fato, criamos um corpo que o aspecto espírito pode, em um grau bem *completo*, se manifestar. Quando isso acontece, nós nos tornamos Mestres perfeitos.

Esoterismo

RO: Parece que o que você está descrevendo não está estritamente no campo da religião. Eu estou certo em avaliar isso como um tipo de visão mais ampla das coisas?
BC: De fato, é um ensinamento sintetizador. Os Ensinamentos da Sabedoria Eterna, ou esoterismo como ele é freqüentemente chamado, não é uma religião. Ele não é, falando estritamente, uma filosofia; ele não é uma arte ou uma ciência, mas ele tem algo disso tudo.

Charles Darwin

Você pode dizer que o esoterismo é a filosofia, ou a ciência, do processo evolucionário, no que ele diz respeito aos reinos humano e sub-humanos. Mas ele diz respeito à evolução da *consciência*, não da forma física. Se você quiser saber sobre a evolução da forma física, volte-se para Darwin – ele sumarizou muito bem a natureza da evolução no que diz respeito à *forma* dos reinos animal e humano. Mas em termos de evolução da consciência, você precisa se voltar para o esotérico – esotérico apenas até agora; pois aquilo que é esotérico, gradualmente se torna exotérico. Nada do que a humanidade pode seguramente utilizar é de alguma forma retido, então depende de nós o quanto desse ensinamento é dado em qualquer momento.

RO: Deixe-me clarificar alguns termos antes de nós continuarmos. Qual é a diferença entre "esotérico" e "oculto" – termos que são freqüentemente utilizados como sinônimos?

BC: Ambos significam "ocultado". Isso quer dizer, ocultado por um certo tempo, não por todo o tempo-- mas ocultado porque, neste momento na evolução da raça, ele é grandemente desconhecido e inaceitável para todos, com exceção de um número relativamente pequeno de iniciados e discípulos daqueles que dão os ensinamentos. Para a humanidade em geral, ele é desconhecido, portanto esotérico ou oculto. A palavra "oculto" foi dada por vários grupos religiosos, com uma conotação bem ruim; ela é visto como algo escuro, ruim, relacionado com práticas nefastas, adoração do diabo, e por aí vai. Esta é uma total má compreensão da palavra oculto. Oculto simplesmente significa ocultado, e especificadamente o conhecimento ou ciência ocultado das *energias* por trás do processo evolucionário. Esoterismo pode ser visto mais como uma *filosofia* do processo evolucionário, e ocultismo como a *ciência* das energias que levam à este processo.

Fonte de Ensinamento

RO: Qual é a fonte dessa informação que você está nos dando?
BC: Os Ensinamentos da Sabedoria Eterna são tão velhos quanto a própria humanidade. Estes são ensinamentos de um grupo de homens Que foram além do estágio estritamente humano e entraram no próximo reino, o Reino Espiritual. Eles são os Mestres da Sabedoria e Senhores da Compaixão. Eles são homens e mulheres como nós Que expandiram suas consciências afim de incluírem os níveis espirituais. Há um grande número destes homens Iluminados em nosso planeta, Que estiveram vivendo em áreas montanhosas e desertas por incontáveis milhares de anos. De tempo em tempo, Eles liberam aspectos de Seus ensinamentos, até onde nós podemos usá-los, para nos iluminar.

Alice A. Bailey

Em tempos modernos, a principal expressão deste ensinamento foi dada através de Helena Petrovna Blavatsky, uma das fundadoras da Sociedade Teosófica entre 1875 e 1890. Seu livro *A*

Doutrina Secreta é a fase preparatória do ensinamento dado para o novo ciclo cósmico o qual nós estamos agora entrando – nós o chamamos de era de Aquário. Uma fase posterior foi dada através de uma discípula Inglesa, Alice A. Bailey, entre 1919 e 1949, por um Mestre Tibetano, Djwhal Khul, e isto é visto como a fase intermediária dos ensinamentos. Entre 1924 e 1939, um corpo de ensinamento adicional-- os Ensinamentos da Agni Yoga – foi dado através de outra discípula Russa, Helena Roerich. Estes Ensinamentos da Sabedoria Eterna são os meios pelos quais a humanidade é mantida informada de sua divindade essencial, e de sua jornada de evolução em direção à perfeição.

RO: Como Blavatsky e Bailey conseguiram suas informações?
BC: No que diz respeito a Madame Blavatsky, ela as recebeu de um grupo de Mestres com os Quais ela viveu por alguns anos no Himalaia. Os Mestres passaram por este processo evolucionário no qual nós ainda estamos engajados e aprenderam como ele funciona, quanto ao que se trata a evolução. Eles são Mestres não em qualquer sentido autoritário, mas mestres de Si Mesmos e das forças da natureza. Eles têm consciência total e completa em todos os planos deste planeta.

RO: E eu assumiria que é deste nível de realização humana que os maiores instrutores de todas as eras vieram.
BC: De fato. Cada novo ciclo cósmico – nós estamos entrando em um novo agora, a era de Aquário – traz para o mundo um instrutor. Pessoas como Hércules e Hermes, Rama, Mitra, Vyasa, Zoroastro, Confúcio, Krishna, Shankaracharya, o Buda, o Cristo, Maomé – todos estes são Mestres Que vieram do mesmo centro espiritual do planeta chamado a Hierarquia Espiritual ou Esotérica, que é composta de Mestres e Seus iniciados e discípulos de vários graus. Ela também é conhecida como o Reino de Deus ou o Reino das Almas.

RO: Então isso é um estado de ser, e não um lugar?
BC: Sim. Cristãos estão aguardando pelo Reino de Deus descer na Terra quando nós formos bons o bastante para recebê-lo. Na verdade, ele sempre esteve aqui, por trás das cenas, composto daqueles homens e mulheres Que Se adequaram através da expansão de Suas consciências (e portanto da demonstração de Suas divindades).

RO: É a isto que se refere a escritura 'o reino dos céus em nosso meio'?
BC: Cristo, através de Jesus, disse que o Reino dos Céus está dentro de você. Não procure do lado de fora ou no céu. Ele está dentro de você. E de fato ele está, como consciência. Se você tem esta *consciência*, você está no Reino de Deus.

Deus

RO: E quanto a Deus? Quem é Ele? Onde Ele está? Como ele está relacionado com a Hierarquia Espiritual e nós?
BC: Deus, no sentido esotérico, é a soma total de todas as Leis e todas as energias governadas por essas Leis no universo manifestado e não manifestado. Então Deus é impessoal. Mesmo assim, este Deus transcendente está manifesto em cada aspecto da criação, incluindo nós mesmos. Nós não estamos separados da criação – de Deus. Cada ser humano tem o *potencial* do conhecimento, da consciência, de tudo na criação que nós podemos pensar significando Deus.

Os Mestres são Divinos, que é um estado bem específico, no qual Eles trouxeram Suas consciências, em termos da centelha divina, o Absoluto, o Ser, em completa união com Eles Mesmos como homens no plano físico – a personalidade e o aspecto divino estão totalmente integrados.

RO: E quanto a Deus que não está no corpo?
BC: Deus também é um Grande Ser Cósmico Que anima este planeta. Com toda a sua solidez, suas cidades e aviões, estúdios de televisão e outras coisas, este planeta é na verdade o corpo de expressão de um Ser Cósmico Que dá ao planeta sua vida, e Que tem um plano de evolução para todos os reinos na natureza, incluindo o reino humano. O que está realmente acontecendo é que nós, em nossos níveis diferentes, do reino mineral até o próprio Reino de Deus, estamos levando adiante um processo evolucionário, que, em seu resumo, irá tornar este planeta uma expressão perfeita da forma de pensamento na mente do Logos criador.

RO: Você mencionou Deus animando este planeta. Há outro Deus ou um nível mais elevado de consciência além disso?

VC: De fato. Há o Deus que anima o sistema solar. Nosso Logos planetário é apenas uma parte, um centro no corpo do Logos solar, Que por sua vez é um centro no corpo do Logos galáctico. E assim em diante, galáxia após galáxia. Não há fim para Deus; ele é transcendente e também imanente em cada parte da criação. Cada aspecto de Deus, incluindo nós mesmos, tem o potencial de um dia saber tudo e ser tudo isso, e de trabalhar com as energias que criam o universo.

Deus é tudo o que existe, e todos os espaços entre aquilo que existe, entre você e eu, e ao redor de nós, tudo. Tudo isso é Deus. Deus se manifesta através de sua criação, que é composta de energias em uma taxa vibracional em particular. A forma depende da freqüência particular dos núcleos e dos elétrons dessas formas. A ciência moderna foi capaz de quebrar estruturas celulares e mostrar que no centro de cada átomo está um núcleo com elétrons ao redor dele, vibrando em uma taxa específica, e cada átomo no universo é composto da mesma forma. Não há nada a não ser energia em todo o universo manifestado. A diferença entre essa visão totalmente científica e aquela que um esoterista teria é a de que o esoterista vai além e diz, de fato, tudo é energia, mas energia segue o pensamento, ela age pelo pensamento. *Pensamento é a agência pela qual a criação ocorre.*

Energias

RO: Esta é uma declaração bem provocativa. Você pode nos dar um exemplo prático?
BC: A Grande Pirâmide em Gizé foi criada por pensamento. Os blocos de pedra foram na verdade movidos por pensamento. É bem simples quando você entende como fazê-lo. Você cria uma fórmula, como $E=mc^2$, a grande fórmula de Einstein que transformou todo o nosso conceito tanto de energia e matéria: energia é igual a massa vezes a velocidade da luz ao quadrado, a velocidade da luz sendo 186.000 milhas por segundo. Esta fórmula transformou nossa física e então nós vemos matéria e energia como intercambiáveis. Quando você reconhece isso, você pode criar um mantra. Esta fórmula, $E=mc^2$, pode ser transformada em um mantra. Quando você pronuncia o mantra na forma correta, você pode mover objetos para onde você quiser. Você traz a energia da mente à frente naquilo que é simplesmente energia etérica livre, cercando cada bloco de pedra e cada ser

humano, cada peixe, e por aí vai. Tudo isso é a precipitação da energia etérica. As pedras semelhantemente podem ser transformadas afim de não terem peso, porque o peso está relacionado com a massa inerte e a gravidade. Mas quando você cria um mantra da fórmula e o pronuncia, então você pode mover a pedra daqui para ali. Nós iremos fazer isso no futuro bem próximo.

RO: Qual você diria é o maior benefício em se entender que a energia delineia todas as coisas?
BC: Isso nos dá o controle sobre o universo, sobre a matéria. Isso torna possível, por pensamento, estar em qualquer lugar do mundo em segundos. Torna possível modos de comunicação que são instantâneos, como telepatia. É o conhecimento da energia que torna tudo isso possível.

RO: Então essas coisas não são apenas truques.
BC: Não são truques, não. Elas são a habilidade natural de todas as pessoas, apenas precisando ser desenvolvidas.

RO: E aqueles que desenvolveram essas habilidades estão na ponta da onde todos nós estamos destinados a irmos?
BC: Precisamente. Telepatia é uma faculdade natural dos seres humanos. A maioria das pessoas a experiencia algumas vezes; uma mãe e uma criança podem ter um contato telepático muito próximo. Isso não quer dizer que eles sabem palavra por palavra o que o outro está pensando, mas se alguma coisa está acontecendo para uma criança, a mãe irá instantaneamente saber; ela sentirá que a criança está em perigo e agirá de acordo. Isso é algo que nós partilhamos com o reino animal. Animais têm este mesmo tipo de contato telepático emocional, instintivo. Quando isso é levado ao nível mental, você tem comunicação direta mente-a-mente. Um Mestre se comunica com Seus discípulos por telepatia. Ele normalmente não aparece fisicamente. Ele pode estar no Himalaia, nos Andes, nas Rochosas ou o que seja, com Seu discípulo em Nova York, Londres ou Genebra, e ainda ser capaz de falar de momento-a-momento.

RO: Eu sei, tendo visto fotografias Kirlian das energias ao redor do corpo físico, que a ciência fez alguns avanços em ser capaz de demonstrar ou medir essas energias. E quanto ao nível da

emoção, mente, pensamento? Esta energia também pode ser medida?
BC: É algo que ainda virá. Mas, no momento, o que nós estamos realmente medindo é aquele nível de energia que a ciência ainda não conseguiu demonstrar, os níveis etéricos de energia. Nossa ciência moderna reconhece apenas três níveis: físico, líquido e gasoso. Mas acima do gás existem quatro estados a mais de matéria que são, estritamente falando, materiais – cada um mais sutil do que aquele abaixo. Estes planos etéricos de matéria são a próxima fase do mundo material a ser pesquisada e finalmente demonstrada pela ciência moderna. Então os planos etéricos irão se tornar uma realidade e mais e mais pessoas nascerão com a habilidade de ver os planos etéricos de matéria. Isso está realmente relacionado com uma certa vitalidade e com um foco duplo: você vê o físico; você muda o foco e você vê o etérico. Ambos estão lá. O físico é na verdade uma precipitação, abaixo, do etérico.

Os Sete Raios

RO: E quanto a energias de, digamos, planos ou níveis superiores.
BC: A ciência esotérica postula sete correntes de energia, ou *raios*, cuja interação, em cada freqüência concebível, cria tudo no Cosmos. Cada raio é a expressão de uma grande Vida cósmica, ciclicamente demonstrando sua qualidade de energia única através dos veículos pelos quais ela se manifesta – seja lá um grão de areia, um homem, ou um sistema solar. Dizer que um homem ou uma nação ou planeta está "sobre" o 1º ou 2º raio, por exemplo, é o mesmo que dizer que eles são controlados por, e expressam a qualidade, deste raio.

A idéia do setenário é encontrada em muitos níveis e em muitos ramos de nossa vida: as sete cores do arco-íris, as sete notas da escala musical, os sete planos de existência, os sete planetas sagrados, etc. E, mantendo este esquema, existem sete raios-tipos de pessoa.

RO: Como você descreve esses raios?
BC: Existem três raios primários, ou raios de aspecto, e quatro raios secundários de atributo. Eles são normalmente expressos como a seguir:

Raios de Aspecto
1º raio do Poder, Vontade ou Propósito
2º raio do Amor-Sabedoria
3º raio da Atividade, Inteligência Criativa

Raios de Atributo
4º raio da Harmonia através do Conflito, ou Beleza, ou Arte
5º raio da Ciência concreta ou Conhecimento
6º raio do Idealismo abstrato ou Devoção
7º raio da Ordem Cerimonial, Magia, ou Ritual, ou Organização.

RO: Como estes raios afetam o homem comum?
BC: Todos nós somos governados basicamente por cinco forças de raio: o raio da alma, que permanece o mesmo por incontáveis éons; o raio da personalidade, que varia de vida para vida até que todas as qualidades estejam desenvolvidas; o raio governando o corpo mental; aquele governando o equipamento astral-emocional, e o raio do corpo físico, incluindo o cérebro. Todos esses variam ciclicamente. Cada raio funciona primeiramente através de um centro (ou chakra), e juntos eles determinam a estrutura física e aparência, a natureza astral-emocional, e a qualidade da unidade mental. Eles nos predispõem à certas atitudes de mente e certas forças e fraquezas, que nós chamamos as virtudes e vícios dos raios.

Por exemplo, o 1º raio da Vontade ou Poder tem força, perseverança e amplitude de visão. Seus vícios, no entanto, incluem orgulho, ambição, teimosia e desejo de controlar os outros. O 2º raio do Amor-Sabedoria tem as qualidades do amor, empatia, a habilidade de ver o ponto de vista de outras pessoas. Alternativamente, ele pode produzir indiferença para com os outros, egoísmo e desconfiança – de acordo com o veículo através do qual ele se expressa.

A alma expressa apenas as virtudes do raio, enquanto que a personalidade imperfeita expressa, mais ou menos, os vícios. O objetivo evolucionário é o de transmutar o vício do raio em seu aspecto superior (virtude)

RO: Qual seria o valor em saber que raios se manifestam através de nós?

BC: Um conhecimento de seus raios oferece uma revelação sobre suas forças e limitações, sua linha de menor resistência nesta vida, e também um entendimento das pontes e barreiras entre si mesmo e os outros. Aqueles de raios similares tendem a ver as coisas do mesmo ponto de vista, em terem a mesma abordagem para com a vida, enquanto que aqueles em raios diferentes acham difícil chegarem a um entendimento das atitudes de cada um. Será óbvio como este fator condiciona, por exemplo, a qualidade da vida casada ou como alguém se relaciona com seu filho.

RO: Isso soa como uma nova abordagem para psicologia.
BC: De fato. Nossa presente ciência psicológica está apenas em sua infância. Ela procura entender o funcionamento da psique humana e aliviar os sintomas de estresse e desequilíbrio. Mas até que seja entendido que o homem é *uma alma em encarnação*, governado por certas influências de raios, muito permanecerá obscuro. É a alma que determina os raios da personalidade e seus veículos. A nova psicologia, ainda esotérica, começará desta premissa.

RO: Você disse que os raios se manifestam através de tudo na criação. Como isso funcionaria em um nível maior do que o humano?
BC: Bem, como um exemplo, cada *nação* é governada por dois raios: o raio de alma, expressando o aspecto mais elevado, os normalmente ainda não manifestados, ideais da nação; e o raio de personalidade inferior, governando os desejos nacionais egoístas do povo.

Ver a história de uma compreensão dos raios governando as nações e raças é vê-la em uma luz inteiramente nova. Se torna óbvio porque certa nações são aliadas, enquanto outras têm pouco em comum e são tradicionalmente hostis em relação a outra. Ou porque idéias em particular, movimentos e religiões florescem em um período e entram em decadência em outro; porque alguns países emergem por um tempo e se tornam influências dominantes no mundo enquanto outros permanecem adormecidos, assim dizendo, aguardando seus momentos de despertar através do estímulo de um raio vindouro.

RO: O que você quer dizer por um "raio vindouro"?

BC: Como tudo no Cosmos, os raios têm períodos de atividade e inatividade, fluxo e refluxo. No caso dos raios, estes ciclos cobrem milhares de anos e são determinados pelo Plano do Logos.

RO: Que raio ou raios estão se manifestando agora, e que efeitos eles têm na humanidade?
BC: O 7º raio da Ordem Cerimonial ou Ritual está (desde 1675) vindo em manifestação. O 6º raio do Idealismo Abstrato ou Devoção está (desde 1625) gradualmente saindo de manifestação. Nossos presentes problemas são o resultado do fato que estas duas potentes energias estão funcionando simultaneamente, e em potência quase igual.

Como uma conseqüência, o mundo está dividido politicamente, economicamente, religiosamente e socialmente em dois grupos principais; e esses grupos estão em confronto ao redor do mundo. De um lado, estão os expoentes do abordagem do 6º raio que, por amor às velhas formas, estão se apoiando nas estrutura ultrapassadas, lutando uma luta de ultimo momento por suas preservações. Este grupo forma as forças conservadoras e reacionárias em todos os campos ao redor do mundo. O outro, as forças progressivas, são aqueles que são capazes de responder às novas energias vindouras do 7º raio, que sentem a necessidade por novas, formas mais vivas através das quais a civilização da nova era pode se manifestar. O mais impaciente eliminaria tudo, tanto o bom como o mau, e precisa da mão refreadora da Hierarquia para produzir mudança ordenada.

Sobre o Plano divino, cada raio prepara o caminho para o seu sucessor. O 7º raio relaciona espírito e matéria, assim sintetizando esses opostos. Através de seus expoentes, ele irá levar à expressão, como uma realidade do plano físico, os ideais e visões dos ciclos anteriores.

Renascimento e Reencarnação

RO: Mais cedo você mencionou que o objetivo da vida humana é o de se tornar Divinamente realizado. Obviamente nós não alcançamos isso na duração de um tempo de vida. Nós temos outra chance para fazê-lo?
BC: Progresso evolucionário é baseado no processo de renascimento; reencarnação é o método de nossa evolução da consciência.

RO: Como ele funciona?
BC: Grupos de almas são trazidos para encarnação através de duas grandes Leis: a Lei do Renascimento e a Lei de Causa e Efeito. A lei dominante é a Lei de Causa e Efeito, e isso pode ser visto de várias maneiras. Cientificamente, você pode dizer que é a Lei de Ação e Reação, que são, como você sabe, opostos e iguais. Em termos religiosos, ela é vista, no Antigo Testamento, como Deus pedindo "olho por olho, dente por dente" – muito rígido, muito frio e implacável, e um pouco vil. Mas no Evangelho Cristão, o Cristo- como Jesus – chamou de muito simples o processo pelo qual você colhe o que você semeia, tão simples que as pessoas se esqueceram.

Cada pensamento, cada ação que nós temos, sobre esta lei, coloca em movimento uma causa; nós estamos criando causas a todo o tempo. Os efeitos saindo destas causas criam nossas vidas, para o bem ou para o mau. Neste momento, nós estamos fazendo o resto de nossa vida e nossa próxima vida. Nós estamos recebendo o que é chamado karma. A Lei do Karma é a Lei de Causa e Efeito. Os efeitos de nossos atos anteriores, bons ou maus, criam as condições de nossa vida hoje, e os resultados de nossas ações hoje criam as condições do próximo período de vida, tanto agora ou quando nós retornamos em nosso próximo corpo.

A alma magicamente cria uma série de corpos através dos quais ela pode, *eventualmente*, realmente demonstrar a si mesma como alma. Neste ponto nós estamos bem no caminho em direção ao fim do processo evolucionário. Leva centenas de milhares de encarnações, mas assim que este ponto é alcançado e a alma, olhando para o seu reflexo (o homem ou mulher em encarnação), vê que ele(a) está começando a responder à sua qualidade (da alma) e está se tornando mais divino – mais não-egoísta, mais altruísta, mais preocupada com as outras pessoa e não apenas com a satisfação de seus próprios desejos – ela estimula o veículo e começa um processo que termina com a jornada evolucionária – o processo de iniciação.

Iniciação foi trazida para a vida para acelerar o processo evolucionário. Ela não é essencial, nós poderíamos evoluir sem ela, mas levaria milhões e milhões de anos adicionais para chegar ao ponto onde nós estamos hoje. Existem cinco grande iniciações planetárias para a perfeição.

RO: Nós tendemos a associar reencarnação apenas com as religiões Orientais. Por que ela não entrou na religião Ocidental?
BC: Ela entrou, mas ela foi empurrada para fora. Jesus a ensinou, e aqueles ao redor Dele a davam como certa. Existem passagens na Bíblia Cristã onde é bem claro que Seus discípulos entendiam e aceitavam a reencarnação.

RO: Como?
BC: Falando sobre João Batista, os discípulos perguntaram a Jesus: "Quem é João? Quem é este extraordinário homem que está pregando no deserto?" E Jesus disse: "Vocês não se lembram o que eu lhes disse? Ele é Elias que veio de novo." Outro momento, quando Ele curou um homem da cegueira, eles disseram: "Quem pecou, esta criança ou seu pai, cuja criança nasceu cega?" Em outras palavras, foi o karma do pai, ou foi de algum erro de alguma vida passada ter uma criança que era cega, ou foi o karma, algum erro, da criança, em uma vida anterior, que necessitou dele nascer cego? Muitos dos primeiros Pais da Igreja- por exemplo, Orígenes – ensinaram sobre a reencarnação.

RO: O que aconteceu com ela?
BC: O Imperador Justiniano e sua mulher não gostavam dela, então eles forçaram os Pais da Igreja a se livrarem dela. No século 6º, ela foi retirada da Bíblia, com exceção daquelas poucas passagens que eram negligenciadas.

Mas mesmo no Oriente há uma visão bem incerta da reencarnação. Budistas a aceitam; Hindus a aceitam. Todas as religiões Orientais aceitam a reencarnação como um fato. Mas elas a vêem de uma maneira muito fatalista. Se você nasceu em uma família muito pobre, se você é um "intocável" na Índia, por exemplo, é por causa de seus erros em uma vida anterior, e não há nada que possa ser feito quanto a isso. Você é um intocável pela vida, você é necessitado pela vida, e nós iremos explorá-lo ainda mais porque era para você ser pobre. Então é como se não pudesse existir mudança; eles a aceitam totalmente como uma punição. E é ação da Lei de Causa e Efeito; é impessoal. Mudança social poderia acabar com a pobreza e sofrimento independente do karma individual.

RO: Se nós temos estas repetidas chances na vida para trabalharmos afim de subirmos a escada evolucionária, o que acontece conosco no tempo entre encarnações? O que acontece conosco depois da morte?
BC: Depende de que ponto na evolução nós estamos. Se nós não somos muito evoluídos (e a vasta maioria da humanidade não é muito evoluída), então nós rapidamente voltamos à encarnação. O grande imã da evolução nos traz de volta à encarnação continuamente. Já que nós temos muito o que aprender, nós precisamos de ensinamento freqüente – a experiência da vida, continuamente – para fazermos algum progresso. Se nós formos mais evoluídos, nós vamos à encarnação em grupos – família e grupos familiares maiores. Todos nós já fomos mãe, pai, irmão, irmã, filho, avô, etc – em relação um com o outro – várias vezes. Desta forma, nós criamos laços kármicos. Estes laços kármicos mantém os grupos juntos, e eles nos permitem pagarmos, em um círculo relativamente restrito, nosso débitos kármicos – até que nós os resolvamos. Quando nós aprendemos a ser inofensivos, nós superamos o karma. Chega um momento quando a alma está se manifestando tão poderosamente através de seu reflexo, o homem ou mulher em encarnação, que ele ou ela param de criar tanto karma de uma natureza negativa, e se tornam cada vez mais inofensivos. Nós podemos ver, portanto, a necessidade por inofensividade em todas as relações humanas. Sendo destrutivos nós criamos karma negativo, que significa que nós precisamos pagá-lo. Nós chegamos com esse karma, e todos os azares de nossa vida, a dor, o sofrimento, são vistos como má sorte. Não é má sorte, mas o resultado direto de nosso karma.

RO: Você falou sobre a alma e o corpo. O que acontece mecanicamente para cada um desses entre essas encarnações? Quando nós morremos, por exemplo a alma vai par algum lugar e o corpo para outro?
BC: Sim, o corpo retorna ao pó. Com exceção de que um átomo permanente do corpo físico permanece, junto com um átomo permanente tanto do veículo emocional e do mental. Ao redor destes três átomos permanentes, a alma irá criar o próximo corpo – nos planos físico, emocional e mental. Nós vamos à encarnação exatamente no mesmo nível, o mesmo padrão de vibração, de onde nós paramos, que é aquele destes átomos permanentes.

RO: Mas e quanto entre os períodos de vida?
BC: Isso novamente depende de quão avançado você é. Se nós não somos muito avançados, nós não temos muito tempo fora de encarnação. Nós entramos e saímos bem rápido. Se nós formos mais avançados, nós temos um período relativamente mais longo naquilo que é chamado *pralaya*. Pralaya é algo como a idéia Cristã de paraíso. Nada acontece, você não faz nenhum avanço, mas é um estado de alegria interminável que é interrompido de tempo em tempo quando seu "número" sobe e você é chamado de volta para encarnação.

RO: Se há este processo de reencarnação e o corpo, como você diz, volta ao pó, e quanto às diferentes formar de se tratar o corpo na morte – enterro contra cremação?
BC: A única forma científica e higiênica de se desfazer do corpo é a cremação, queimando-o. Todos vêm à encarnação com uma longa história de doenças da humanidade, e algumas dessas são de tempos bem antigos. Através da prática do enterro, estas doenças, como câncer, sífilis e tuberculose, são lançadas na terra, entram na cadeia alimentar e são reabsorvidas tanto por animais como humanos. Isto tem acontecido por tantos milhares de anos que estas doenças são endêmicas e levarão muitas centenas de anos para superá-las completamente. Cremação é um inicial, grande passo neste processo.

Nós somos parte da quinta raça-raiz. A primeira raça-raiz verdadeiramente humana foi a Lemuriana, que durou cerca de seis milhões de anos. (Existiram duas raças anteriores que não estavam em corpos físicos densos) Ela foi seguida pela raça-raiz Atlante, que durou cerca de 12 milhões de anos. Nossa raça-raiz, a Ariana (que não tem nenhuma relação com a noção de Hitler de homem Ariano), tem cerca de 100.000 anos, então ela ainda está em seu estágio bem inicial. Cada raça-raiz tem o objetivo de aperfeiçoar um ou outro corpo. A raça Lemuriana tinha o objetivo de aperfeiçoar o veículo físico. A Atlante tinha o objetivo de aperfeiçoar o veículo astral-emocional. Ela o fez tão bem que ele é o veículo mais forte do homem, e a vasta maioria da humanidade hoje ainda está em um estado Atlante de consciência, "polarizada" no plano astral ou emocional.

A raça Ariana, nossa raça, tem o objetivo de aperfeiçoar o veículo mental. Nós estamos apenas usando o aspecto mais inferior dos planos mentais. Existem quatro planos mentais, de acordo com o esoterismo. O mais alto deles é chamado plano causal, no qual é encontrado o corpo da alma, o corpo causal. A alma usa o corpo causal para a maioria de suas experiências de encarnação, até a quarta iniciação, quando ela o dispensa. Desta forma, as raças são trazidas à frente, evoluem. Cada raça tem sete sub-raças; os Europeus e Americanos hoje são a quinta sub-raça da raça-raiz Ariana.

RO: Há outra categoria para pessoas em outros continentes?
BC: Sim, existem várias sub-raças. Hoje existem pessoas que são realmente Atlantes no corpo físico, como todos os tipos Mongóis de pessoas – Chineses, Japoneses, Indígenas Americanos, os Esquimós, Índios Sul-Americanos – todos estes têm corpos Atlantes, mas as pessoas nesses corpos são, é lógico, da raça Ariana.

RO: Há muito folclore, eu acho, sobre o que acontece conosco na reencarnação. Por exemplo, nós trocamos de corpo com animais?
BC: Não. Transmigração de almas não ocorre realmente. A fantasia sobre a reencarnação no Oriente é a de que você não pode fazer nada quanto a ela; seja lá quão baixo na vida você estiver, você apenas tem que aceitar isso; não há mudança social para melhorar sua vida. No Ocidente, algumas pessoas acreditam que você vai e volta entre os reinos animal e humano. Você não o faz. Uma vez que você é um ser humano, você continua sendo ser humano até que você se torna um super-ser humano, um Mestre.

RO: Mas você pode vir como um homem, ou como uma mulher.
BC: Todos nós temos encarnações tanto como homem e mulher. Não necessariamente alternativamente, você pode ter duas ou três encarnações como um homem, e então três ou quatro como uma mulher, então uma ou duas como um homem, e por aí vai.

RO: Há uma tendência de se voltar em certas relações grupais?
BC: De fato. Nós vamos à encarnação em grupos, e estes são normalmente grupos familiares. Existem exceções, é lógico; existem sempre novas pessoas vindo para a família. No ciclo de reencarnação, pessoas vão para famílias que levam uma energia diferente, uma qualidade diferente, experiência diferente, mas então são parte desta família, e fazem laços kármicos e desfazem nós kármicos juntas. Tudo está relacionado com se desfazer,

dentro da família, os nós de karma que nós criamos por nosso egoísmo.

RO: E quanto a reencarnar em raças diferentes?
BC: Nós podemos estar na mesma raça por um grande número de encarnações, ou nós podemos ter uma sucessão de diferentes experiências por uma dezena de raças. Ou nós podemos estar restritos a apenas uma raça. Nós podemos nunca encarnar no Oriente e se nós estamos no Ocidente, e nunca no Ocidente se nós estamos no Oriente; ou nós podemos alternar entre um e outro por muitas encarnações. Isso está relacionado com destino individual.

RO: Então você pode aprender as lições, repetir experiências ou ganhar a experiência que você precisa para alcançar este ponto de perfeição através de diferentes raças ou combinações raciais.
BC: Sim. Todos nós somos seres humanos, nós todos somos filhos de Deus, e todos nós temos o mesmo potencial.

RO: Por que nós não nos lembramos de nossas primeiras vidas?
BC: Quando nós tivermos continuidade de consciência, nós iremos lembrá-las, mas nós não temos continuidade de consciência, mesmo do estado de sono para o desperto. Nós podemos nos lembrar de poucos sonhos, mas isso é realmente a atividade do corpo astral-emocional em sono superficial. Em sono profundo nós não sonhamos de forma alguma; é apenas quando nosso sono se torna mais superficial, quando nós estamos emergindo do sono profundo, que nós começamos a sonhar, e estes sonhos nós podemos lembrar. Em sua maior parte, nós não nos lembramos do que acontece durante o sono profundo. Semelhantemente, nós não nos lembramos da vida para a morte e para a vida novamente. Eventualmente, nós iremos entrar no estado de morte completamente conscientes, sabendo quem, o que nós somos, e por que nós estamos lá e o que nós estamos fazendo, e então voltamos, igualmente conscientes. Conforme você se torna mais avançado no processo evolucionário, é isso o que acontece.

No final do processo evolucionário, os iniciados do mundo, que estão conscientemente passando pelo processo de evolução, eventualmente desenvolvem continuidade de consciência. Eles vêm porque eles conhecem o Plano de evolução. Eles vêm para levarem adiante, e não apenas por causa da necessidade kármica – embora existirá alguma necessidade *kármica*.

A Lei de Causa e Efeito

RO: Se as pessoas entenderem, e respeitarem a Lei de Causa e Efeito, isso quer dizer que elas podem conscientemente mudar seu futuro por aquilo que elas fazem agora?
BC: Absolutamente. Essa é a *essência* dela. Quando você sabe que cada pensamento e cada ação cria uma reação que vai de encontro à outras pessoas, e é lógico à si mesmo, então você vê a necessidade por inofensividade. Quando nós realmente entendermos esta lei básica da existência, isso irá transformar nosso mundo.

RO: Então nós somos os únicos que determinam qual será o nosso karma?
BC: Não, existem quatro grandes Senhores do Karma – Eles não estão neste planeta, nem mesmo neste sistema – que administram e organizam a multiplicidade de diferenciações desta Lei do Karma para os seis bilhões de pessoas que estão em encarnação agora, e os outros 54 bilhões que não estão em encarnação. Existem cerca de 60 bilhões de almas potencialmente capazes de encarnarem neste planeta. Então este é um grande trabalho para os Senhores do Karma.

RO: Então há um grau pelo qual nós podemos determinar o futuro mudando os nossos pensamentos e ações, mas você está dizendo que já existem certas coisas colocadas em movimento para o planeta como um todo que – não importa o quanto nós tentemos – nós não podemos desfazer até que elas sejam trabalhadas.
BC: O ponto é que este planeta não é muito evoluído – nem mesmo em nosso sistema solar. Ele ainda é um planeta "não-sagrado"; existem sete planetas sagrados e nós não somos um deles. É por isso que nós temos todos os problemas. A própria humanidade não está em um estágio muito evoluído, em termos de sua evolução futura. Mesmo nosso sistema solar não é assim tão evoluído. Ele é provavelmente um sistema solar bem insignificante, no final da galáxia.

A humanidade bem de seu início – e isso é colocado em 18 milhões e meio de anos atrás nos ensinamentos esotéricos – esteve criando karma, bom e ruim. Deixe-me tornar claro: de acordo com os ensinamentos esotéricos, há na verdade mais karma bom do que karma ruim, mas nós apenas percebemos o karma ruim. Quando nosso karma é bom, e muito dele é bom, nós apenas o tomamos como nossa norma, nosso direito. Quando é karma ruim, nós pensamos: "Eu não sei por que eu estou sofrendo isso." Mas é lógico, ainda é nosso karma. Isso esteve ocorrendo por 18 milhões e meio de anos, então há um enorme débito kármico planetário. Cada ser humano está envolvido, não apenas com seu próprio karma, individualmente criado, mas também com o karma da raça humana como um todo. Isso não é simples. Os Senhores do Karma, trabalhando de Seus inacreditavelmente exaltados estados de consciência, podem administrar não apenas nosso karma individual, mas nossa relação com o karma mundial. Os Mestres agem como os agentes nesta questão. Um Mestre pode, se Ele vê como adequado e a lei permite, mitigar os efeitos do karma individual. É uma divina intervenção, se você preferir.

RO: Então me corrija se eu estiver errado, mas o que você está dizendo é que, com este karma mundial, as pessoas que acabam tendo muita sorte nesta vida – têm todos os recursos que elas precisam, e que não se importam com os problemas acontecendo no resto do mundo – mais tarde, ainda terão que encará-los.
BC: Sim, de fato, mas isso é chamado complacência. Isso não tem nenhuma relação com o karma. Complacência e karma bom são duas coisas separadas. Ninguém é livre do karma do mundo. Se você vive sua vida, como milhões hoje vivem, como se os pobres não existissem, como se não existissem nações pobres, como se fosse o dom de Deus que o mundo desenvolvido, as nações do G8, devam viver no padrão mais alto de vida que nós exigimos e tomamos como nosso direito, e totalmente ignoramos o fato de que três-quartos do mundo estão vivendo em pobreza e milhões estão morrendo de fome em um mundo de abundância, isto é complacência. Se nós aceitarmos isso, nós não estaremos vivendo em corretas relações. O próximo passo adiante para a raça humana é a criação de corretas relações humanas. Os Mestres dizem que ou nós fazemos isso, ou nós morremos. Ou nós criamos corretas relações humanas, ou nós destruímos toda a vida no planeta. Essa é nossa escolha.

RO: Como o livre arbítrio entra neste conjunto de condições com a reencarnação e a Lei de Causa e Efeito?
BC: Nós temos livre arbítrio limitado. Nosso livre arbítrio vai apenas até um certo ponto. Inevitavelmente, o "imã cósmico" nos atrai novamente à encarnação. Ocasionalmente, as pessoas escrevem para mim, e dizem: "Por favor, Sr. Creme, você poderia pedir ao seu Mestre para me libertar da necessidade de encarnar. Eu não gosto disso, eu não quero isso. Eu quero sair totalmente da vida. Mas eu sei que se eu morrer, eu apenas irei voltar. Então há alguma lei que irá cancelar a necessidade de se encarnar novamente?" É lógico que não há; você não tem livre arbítrio para fazer isso. Quando você está na vida, você tem livre arbítrio para continuar ou terminar com sua vida; todos têm esse direito. Mas você não pode fazê-lo sem algum efeito colateral. Se você tirar a sua vida, você terá que voltar e encarar a mesma situação.

RO: Então você não escapa?
BC: Não há escapatória até que você tenha aprendido a ser perfeito. Eu não quero dizer perfeito no sentido religioso: sendo "bom" e acreditando nisso e não acreditando naquilo, e fazendo isso e não aquilo. Eu quero dizer ser perfeito no sentido que os Mestres são perfeitos, que é ter completo controle de sua natureza física, emocional, mental e espiritual.

RO: Qual é a melhor forma de se evitar criar karma ruim?
BC: Inofensividade. Reconhecer e aceitar que inofensividade em relação aos outros é a chave para o processo evolucionário. Quando nós realmente criamos inofensividade, nós criamos corretas relações humanas.

RO: Mas por que inofensividade? Isso possui alguma relação com a divindade interna sobre a qual você falou?
BC: É porque a natureza da divindade é altruísmo. O ego é o aspecto prejudicial. O ego diz respeito apenas à personalidade. A personalidade precisa do ego, ela precisa do princípio do desejo para chegar a um certo ponto. Se ela não tivesse ego, ela não chegaria a este ponto, ela não criaria sua individualidade; ela seria uma coisa inútil para a alma usar. Eventualmente, um ponto é alcançado quando a alma pode realmente "se apropriar" deste poderoso, individualizado ser humano, e transformá-lo em um

deus – que a alma já é. A alma recria esta divindade no plano físico, como o homem ou a mulher, e reflete a si mesma através dele(a). Isso pode apenas ser feito quando a personalidade individual reflete a qualidade da alma, que é totalmente altruísta. É o egoísmo, mesmo que, até um ponto, um egoísmo necessário, que no final precisa ser renunciado.

RO: Assim que uma pessoa aprende sobre a reencarnação e desenvolve alguma convicção ou nível de conforto quanto à ela, isso tem algum efeito sobre sua atitude em relação à morte?
BC: Profundamente. Se você realmente acredita na reencarnação, se é parte da sua consciência – e não uma idéia que você acha que é razoável se aceitar – se você a leva seriamente, ela remove o medo da morte em uma grande extensão. Você pode ter medo dos momentos finais, mas a idéia da morte não mais tem o terror que ela tem para a maioria das pessoas que vêem a morte como o final de tudo e que não conseguem imaginar a si mesmos, este ser consciente, pensante, continuar. E mesmo assim, depois da morte, você tem uma expansão de consciência. Você é o mesmo ser, mas sua consciência é incomensuravelmente expandida, porque ela está livre das limitações do corpo físico. Fora do corpo, há liberdade e conhecimento, alegria e experiência de amor, e você encontra novamente pessoas que morreram antes de você. Na verdade, é mais fácil morrer do que nascer!

RO: Eu ia dizer, quase soa como se estar em encarnação fosse algo como uma deficiência.
BC: Não é uma deficiência, mas uma oportunidade para serviço, para a expansão de nossa consciência e a evolução de nosso ser. Mas nascer é freqüentemente mais cheio de problemas e doloroso do que morrer.

      Eu encontrei pessoas que disseram: "Eu não quero voltar." Elas não querem acreditar na reencarnação porque elas não querem voltar e terem que fazer tudo isso novamente. É lógico, nós não fazemos tudo "isso" tudo de novo. Nós não somos a mesma pessoa porque normalmente nós não temos memória de nós mesmos na encarnação anterior. Então nós não temos toda esta "bagagem" atrás de nós, pensando: "Bem, da última vez foi muito mais fácil," ou "Eu estou bem! Da última vez foi bem mais difícil." Nós não temos este sentimento.

RO: Se nós fizemos algo que colocou em movimento uma causa negativa, há alguma maneira de se mitigar os efeitos disso?
BC: Sim, nós podemos fazer restituição, e nós podemos servir até uma extensão que irá contrabalançar o efeito desta negatividade. Este é um dos grandes resultados da Lei do Serviço, que ela "queima" karma.

RO: Vendo o karma de uma perspectiva muito mais ampla – grupos de pessoas, nações, mesmo pessoas no mundo todo – existem certas coisas que nós como um grande grupo de pessoas colocamos em movimento que afetam a vida no planeta?
BC: Sim, de fato, nós fazemos isso o tempo todo. Governos fazem isso o tempo todo. Pessoas como Hitler, por exemplo, colocam em movimento guerras que devastam a vida no planeta por anos sem fim. Os eventos na Bósnia foram colocados em movimento pelo líder dos grupos Sérvios rebeldes e o Presidente da Sérvia. Estes dois homens têm um enorme débito kármico para repagarem com centenas de milhares de Bósnios e Croatas que sofreram em suas mãos. Milhões morrem de fome no Terceiro Mundo através das ações das nações desenvolvidas. Cerca de 40 guerras estão acontecendo no mundo conforme nós falamos. Elas podem apenas continuar enquanto as nações ricas vendem armas para que elas sejam lutadas.

RO: E quanto a se alterar a vida no planeta de outras formas?
BC: Bem, por exemplo, nós afetamos o clima bem consideravelmente. Nossos pensamentos destrutivos afetam as forças elementais que governam o clima e padrões climáticos no mundo. Se nossos pensamentos estão, como eles estão muito hoje, em desequilíbrio, estas forças elementais saem de equilíbrio. O resultado são terremotos, tempestades, tornados, tremendas enchentes, e por aí vai, que devastam grandes áreas do mundo continuamente. Isso nós mesmo fazemos. Nós os chamamos atos de Deus, mas eles são na verdade atos da humanidade, através de seu pensamento e ação errados, colocando fora de equilíbrio as forças elementais. Quando nós eventualmente chegarmos ao equilíbrio, estas forças também irão voltar ao equilíbrio, e os climas irão retornar aos seus padrões normais.

RO: Então há boas razões para corretas ações?

BC: Boa vontade "paga". É a natureza essencial de nosso ser expressar boa vontade. Se nós expressamos má vontade, nós colhemos o karma desta má vontade. Boa vontade é o aspecto mais baixo da energia do amor que a humanidade como um todo pode demonstrar. É essencial que nós entendamos isso e manifestemos isso da maneira que nós possivelmente pudermos. Não apenas isso, como eu disse, para o indivíduo ela "paga" generosamente.

RO: Mas parece também que ela paga para a sociedade e o mundo como um todo.
BC: É lógico, muito. Boa vontade gera boa vontade e é o primeiro passo em direção a se manifestar amor.

O Plano de Evolução

RO: Para onde este plano de evolução está indo para a humanidade como um todo? Você falou sobre o que significa em termos de perfeição individual. E quanto ao mundo?
BC: Este mundo está em processo de mudança. Ele está passando através de um período temporário de problemas extremos, Violência e ódio manifestados. Mas novas energias estão fluindo para o planeta a todo momento, particularmente uma grande energia de um Avatar Cósmico chamado o Espírito da Paz ou Equilíbrio. Este Avatar trabalha precisamente com a Lei de Ação e Reação, que nós chamamos a Lei do Karma. Sobre esta lei, ação e reação são opostos e iguais. Saindo desta presente violência e discórdia, ódio e turbulência, nós iremos entrar em uma era de tranqüilidade e paz, calmaria mental e emocional, e uma harmonia estabelecida, que irão transformar todo o mundo – em exata proporção à discórdia e desarmonia de hoje.

O Buda

RO: De onde este plano vem? Há algum lugar ou ser ou nível de autoridade que diz: "Este é o plano para humanidade, e é aqui que ele irá acabar"?
BC: Essencialmente, o Plano sai do Logos de nosso planeta, o Homem Celestial Que anima este planeta. Ele reflete a Si Mesmo como o Senhor do Mundo em um centro etérico bem elevado no Deserto de Gobi, chamado Shamballa. O Plano de Deus sai de Shamballa. Ele é levado de Shamballa para os Mestres de nossa Hierarquia Espiritual pelo Buda. Os Mestres procuram levar adiante o Plano através da humanidade. Eles dão aspectos do Plano para Seus vários iniciados e discípulos, homens e mulheres no mundo, para o levarem adiante, e então as transformações acontecem, o Plano se manifesta. Os Mestres são também os Guardiões das energias espirituais entrando no planeta. Eles as liberam de tal forma a fomentar o Plano. A humanidade responde à estas energias, mesmo que ela não saiba que elas existam. Estas energias são encarnadas por certas grandes idéias que se tornam nossos ideais. Conforme nós colocamos os ideais em manifestação, o Plano de evolução é levado adiante, era após era, ciclo após ciclo.

Confúcio

RO: Como as escrituras do mundo estão relacionadas a este plano evolucionário?
BC: As escrituras estão relacionadas à ele, mas elas são normalmente (embora nem sempre) dadas de uma maneira mais exotérica, de uma forma que possa ser entendida pelos menos educados, os mais simples da humanidade, de uma forma muito direta. Elas têm principalmente um apelo emocional para as massas. Acima deste apelo emocional está um corpo de ensinamentos bem mental e espiritualmente orientado dado pelos Mestres especificamente para os iniciados e discípulos do mundo, que coloca em suas mãos o Plano, com seus possíveis papéis no Plano, e os convida a tomarem parte na implementação do Plano.

RO: As pessoas parecem argumentar infinitamente sobre a interpretação das escrituras. Como se sabe quem está certo?
BC: As escrituras, se tomadas literalmente, muito freqüentemente não têm sentido. Mas entendidas em seu significado mais esotérico, como uma metáfora e símbolo, as escrituras de todas as religiões mantém a confiança da humanidade, mantém aquela relação entre o que nós chamamos Deus, o Logos de nosso planeta, e Sua expressão, a humanidade e os reinos inferiores. Elas nos mantém informados de que há uma relação, de que há um Plano de evolução, que este *não* é o fim, que nós continuaremos até criarmos perfeição no planeta – perfeição sendo a total realização do Plano do Logos, em todas as suas variadas manifestações. Outro problema com estas escrituras antigas é o de que todas elas, mais ou menos, se tornaram distorcidas em suas lentas disseminações pelos séculos.

RO: Então a evolução deve acontecer em certos passos e cada passo tem alguma nova revelação por trás dele?
BC: De fato, há uma continuidade de revelação. Alguns ensinamentos, como aqueles dos grupos Cristãos, de fato declaram categoricamente que Jesus veio e deu o ensinamento superior, o fim de todos os ensinamentos, que repentinamente revelou a natureza de Deus para a humanidade. Eles deixam fora do quadro esta continuidade de revelação, que continuou dos dias mais primordiais da existência da humanidade neste planeta, e irá continuar até que nós estejamos perfeitos. Eu acredito que seja uma má compreensão da parte dos grupos Cristãos assumir este tipo de superioridade em relação às outras religiões.

Evolução e Iniciação

RO: Evolução é um termo que a maioria de nós tende a associar com Darwin e mudança física. No esoterismo, você está falando sobre evolução em um contexto maior?
BC: Eu estou falando sobre evolução da consciência. Nós tomamos como verdade que Darwin mostrou a evolução do aspecto forma da natureza, o corpo físico do reino animal, do qual cresceu o reino humano. O ser humano não é simplesmente um animal, mas é o ponto onde o espírito e a matéria se encontram. A alma humana individualizada tomou encarnação, 18 milhões e

meio de anos atrás, de acordo com o ensinamento, para ser capaz de permitir a um aspecto mais elevado se expressar.

Cada reino cresce do reino abaixo dele. Primeiro é o reino mineral, o mais denso. Dele cresceu o reino vegetal. Do vegetal cresceu o reino animal. Do reino animal cresceu o reino humano; nós devemos nosso corpo ao reino animal. Do reino humano esteve crescendo outro reino (que nós nem mesmo reconhecemos, a não ser que sejamos esoteristas), que é o reino espiritual, composto de Mestres e iniciados. O reino espiritual, ou Reino das Almas, é o reino imediatamente acima do reino humano; você entra nele através do reino humano. Conforme você evolui até um ponto onde a alma realmente começa a se demonstrar através de seu reflexo, o homem ou mulher no plano físico, você entra no reino espiritual através da "porta" da iniciação. Existem cinco portas através das quais você passa para se tornar um Mestre. Todos os Mestres alcançaram estas cinco iniciações. Eventualmente, todos irão se tornar perfeitos da mesma forma.

RO: E quais são os cinco passos?
BC: O primeiro passo é o nascimento do princípio Crístico. Todo o processo é re-encenado na história do Evangelho, a vida de Jesus simbolizando este caminho de iniciação. (É lógico, ele é muito mais velho do que o Cristianismo. Ele é quase tão velho quanto a própria humanidade, e ele foi apresentado à humanidade continuamente, de formas diferentes, no passado) Na história do evangelho, o nascimento de Jesus em Belém é o símbolo para a primeira iniciação, que é chamada 'O Nascimento em Belém', o nascimento do Cristo na caverna do coração. Isto leva o homem ou mulher para a Hierarquia Espiritual pela primeira vez, e demonstra o controle sobre o corpo físico.

A segunda iniciação é chamada 'O Batismo', e é simbolizada pelo batismo de Jesus no Jordão por João Batista. Isso demonstra o controle sobre o veículo astral-emocional.

A terceira iniciação é chamada 'A Transfiguração', e é simbolizada pela transfiguração de Jesus no Monte. Para o iniciado, esta é a culminação do processo inferior que integra os três veículos inferiores-- físico, astral e mental. Do ponto de vista dos Mestres, esta é realmente a primeira iniciação, porque é a primeira iniciação da *alma*.

Então você segue para a quarta iniciação, que é simbolizada por Jesus morrendo na cruz. Ela é chamada 'A Crucificação'. No Oriente ela é chamada 'A Grande Renúncia', onde tudo é renunciado, mesmo a própria vida se necessário, para demonstrar a elevação do iniciado para fora da matéria para o esplendor da luz do Espírito. Jesus passou por ela na cruz para demonstrá-la para nós, fisicamente mostrar esta grande experiência de renúncia diante do mundo.

Isso é seguido pela 'Ressurreição'. A ressurreição do corpo de Jesus no terceiro dia simboliza a iniciação da Ressurreição na qual o homem, agora um Mestre, está livre da atração da matéria para sempre. O Mestre está em um corpo que é totalmente ressurreto – um corpo de luz. Cada iniciação confere ao iniciado mais e mais energia de partículas sub-atômicas. Pelo tempo em que ele ou ela está tomando a quarta iniciação, três quartos deste corpo são literalmente luz. Ele parece perfeitamente normal, como o de qualquer um, mas visto ocultamente, esotéricamente, ele está radiando luz; apenas um-quarto da estrutura atômica deste corpo é verdadeiramente atômico, o resto é subatômico. Isso é completado na quinta iniciação. O Mestre permanece livre do planeta físico, Ele não precisa mais reencarnar, Ele está agora em um corpo que é totalmente transfigurado e ressurreto no sentido esotérico da palavra. Muitos Mestres, de fato, permanecem no planeta para supervisionarem a evolução do resto de nós, mas muitos vão para planetas mais elevados, ou mesmo totalmente para fora deste sistema.

RO: Quais são os pré-requisitos para se começar o processo iniciatório?
BC: A alma vê que a pessoa está começando a refletir suas qualidades no plano físico, no plano emocional-astral e no plano mental e está se tornando mais altruísta, que suas ações não são mais totalmente governadas pelos seus desejos pessoais. A personalidade se torna "negativa" para a alma, e procura levar adiante o propósito da alma, mesmo que ela possa não saber que é uma alma. Então nós vemos uma pessoa beneficente que é bem altruísta, que está realmente procurando por, e trabalhando em direção ao melhoramento da humanidade; ela terá algum modo de serviço, e colocará a evolução e a sociedade como um todo de alguma forma acima de seu eu pessoal.

RO: Quanto tempo leva para se ascender a este ponto de Maestria, assim que você começa o processo?
BC: Leva centenas de milhares de encarnações para se chegar à primeira iniciação. Uma vez que ela tenha sido tomada, pode levar de duas a 15 ou 18 vidas entre a primeira e segunda iniciação. A média é cerca de seis ou sete vidas. Assim que a segunda iniciação, que é dita ser a mais difícil, é tomada, mostrando o controle do elemental astral ou emocional que é tão poderoso na humanidade, tudo se acelera, e você pode tomar a terceira iniciação na mesma vida ou na vida imediatamente posterior, a quarta na vida depois dessa, ou mesmo na mesma vida, e a quinta na vida depois dessa, se este for o seu destino. Existem certas condições que são muito abstrusas para entrarmos, mas falando no geral, as últimas poucas encarnações rapidamente terminam com o processo evolucionário.

RO: E no final, uma pessoa se torna, como você disse, um mestre sobre si mesmo, um mestre sobre a vida.
BC: Sim. Com consciência em todos os planos, e controle em todos os planos, que é outra coisa diferente. Todos nós temos consciência no plano físico; ele é uma realidade para nós. Mas poucas pessoas têm *controle* sobre este plano. Existem seis bilhões de pessoas em encarnação no momento, e cerca de 850.000 pessoas em encarnação que tomaram a primeira iniciação e portanto demonstram este controle.

RO: Isso não é muito.
BC: Não, não é muito. Cerca de 240.000 pessoas em encarnação tomaram a segunda iniciação, e cerca de 2.300-2.400 tomaram a terceira iniciação. Cerca de 450 apenas, daqueles em encarnação, tomaram a quarta iniciação.

RO: Quantas tomaram a quinta iniciação?
BC: Ligados à evolução humana, existem 63 Mestres. Mas existem muito mais Mestres, Que estão trabalhando com as evolução sub-humanas: os reinos animal, o vegetal e o mineral. Também existem muitos Mestres envolvidos com as evoluções angélicas ou Deva, que são vastas em número.

Os Mestres da Sabedoria

RO: Qual é a relação dos Mestres conosco?
BC: Eles são nossos "irmãos mais velhos". Eles passaram à frente de nós, tendo terminado com a jornada evolucionária na qual nós ainda estamos engajados, tendo tomado sobre Eles Mesmos a responsabilidade de supervisionar *nossa* evolução. Eles conhecem o caminho, os perigos, as possibilidades. Eles conhecem os passos que são os melhores a serem dados, porque existem muitos becos escuros, muitas armadilhas no caminho, e Eles ensinam o caminho correto. O caminho correto é o caminho do altruísmo, da falta de ego. Este é o caminho difícil. Ele é lento porque nós somos todos muito egoístas.

Jesus

RO: Alguns desses Mestres têm nomes que nós reconhecemos?
BC: Um deles todos conhecemos, o Mestre Jesus. Jesus na Palestina era um discípulo muito avançado, um iniciado de quarto-grau, bem perto de ser um Mestre. Ele tomou a quarta iniciação, a Crucificação, abertamente no plano exterior. Normalmente, não é esperado que você morra na cruz quando você toma a quarta iniciação. Ele fez isso para simbolizar a nós, dramaticamente, aquela grande experiência de renúncia. Ele é agora um Mestre, tendo se tornado um Mestre em Sua próxima vida como Apolônio de Tiana, Que abriu um ashram no norte da Índia onde Ele foi enterrado. Deste fato veio a lenda que de alguma forma Jesus não morreu na cruz, que Ele saiu secretamente da Palestina e foi para Índia e está enterrado lá. Foi o *Ser* que foi Jesus, mas em Sua próxima encarnação como Apolônio. Jesus é agora um Mestre muito avançado. Nos séculos sétimo e oitavo, Ele foi para a América e ensinou as populações Indígenas, então foi para o Pacífico e ensinou os Polinésios. Todos eles têm a lenda de um homem branco que veio e ensinou, e os nomes todos estão relacionados com a palavra "Jesus". Ele ensinou que outro grande instrutor viria do Leste, que ensinaria os

Índios novamente. Então, é lógico, quando os Espanhóis chegaram, Cortez e seus homens, eles foram recebidos com braços abertos por Montezuma e seu povo, que foram assassinados por seus esforços, como nós sabemos.

RO: Você mencionou Jesus. Existem outros nomes que podem ser familiares?
BC: Um, muito conhecido, é o Mestre Tibetano Djwhal Khul. Entre 1919 e 1949, Ele ditou, por telepatia mental, uma série de 19 livros através de Alice A. Bailey. (A própria Bailey escreveu cinco volumes adicionais) Estes 19 muito profundos, e à mim muito práticos, ensinamentos, são a fase intermediária dos ensinamentos dados pelos Mestres para a nova era de Aquário agora começando. *A Doutrina Secreta* foi o fase preparatória dos ensinamentos, dada através da Madame [Helena Petrovna] Blavatsky, que viveu e trabalhou por alguns anos com um grupo de Mestres no Himalaia. Um Deles era o Mestre Morya, seu próprio Mestre, e o outro, o Mestre Koot Hoomi, ambos Mestres muito avançados. Estes dois Mestres estão profundamente envolvidos com a humanidade e, com o Mestre Jesus, serão os inauguradores da religião mundial que eventualmente irá se desenvolver: uma religião muito científica, baseada no processo de iniciação sobre o qual nós estivemos falando.

RO: Estes nomes que você mencionou de Mestres são todos masculinos. Não existem Mestres mulheres?
BC; Não existem Mestres em corpos femininos no tempo presente. Os Mestres, em um sentido, não são nem homem nem mulher. Eles trouxeram ambos destes aspectos em total equilíbrio. No plano da alma, não há sexo, não há macho ou fêmea. Há simplesmente uma energia com dois pólos: um positivo, um negativo, como na eletricidade. Elas são a mesma

Helena P. Blavatsky

energia em polaridade. Os Mestres são almas perfeitas, então Eles trouxeram ambas em equilíbrio, mas quando Eles tomam um corpo físico, que nem todos fazem (cerca de dois-terços dos Mestres hoje, isso é cerca de 40, estão em corpo físicos densos), Eles tomam um corpo masculino neste tempo para ancorarem poderosamente, no mundo, a energia com a qual Eles estão tão fortemente dotados, o aspecto espírito ou masculino, para se relacionar com o muito maior aspecto matéria como ele se manifesta no mundo hoje. Isto está relacionado com o ponto de evolução alcançado por este planeta. Em cerca de 200 anos isto irá mudar, e então os Mestres virão em corpos femininos até que exista um equilíbrio entre Mestres em corpos masculinos e Mestres em corpos femininos.

Não possui nenhuma relação com qualquer tipo de preconceito contra a mulher, ou o aspecto feminino. Ao contrário, os Mestres são o estímulo por trás do movimento de libertação feminino. Eles vêem como essencial que as mulheres tomem seu lugar completo em total igualdade com os homens nesta nova era, a era, como ela será conhecida, de Tara, a Mãe. A era de Maitreya é a era na qual o aspecto Mãe se manifesta. O feminino é a Mãe, o aspecto nutridor; ele nutre a criança, a família, a civilização. Nações também são masculinas ou femininas, e nações que são femininas podem se tornar a sede de uma civilização. Então é essencial que as mulheres assumam seu papel completo com status igual na vida da humanidade. No Ocidente, isto está se tornando muito amplamente um fato, mas em grandes áreas do Oriente isto está tristemente longe de ser o caso. Mulheres são freqüentemente vistas como pouco mais do que uma propriedade. Uma grande mudança precisa ocorrer. É por isso que o movimento de libertação feminino foi inspirado pelos Mestres.

RO: Como o corpo de um Mestre se compara aos nossos corpos físicos?
BC: Ele parece o mesmo – mais bonito – mas Seu corpo é perfeito; é um corpo de luz e Ele pode desaparecer e aparecer novamente à vontade. Ele pode andar através de paredes e viajar instantaneamente por pensamento.

RO: Livre de doença?
BC: Absolutamente. Eles não morrem; Eles não envelhecem. Um Mestre pode ter milhares de anos de idade, no mesmo corpo. As

pessoas logo verão o Mestre Jesus, Que está em um corpo de mais de 650 anos de idade. Alguns estão em corpos nos quais Eles se tornaram Mestres. Outros estão em corpos que têm literalmente milhares de anos de idade. Eles não dormem ou comem. Eles vivem de prana, energia direta do sol. Eles são impecáveis em Suas roupas ou, Se eles vestem roupas Ocidentais, roupas muito bem feitas. Mas eles a criam por pensamento.

RO: Onde que a humanidade se encaixa no esquema geral da hierarquia?
BC: Existem três grandes centros, e eu mencionei dois deles: o centro que eu chamei Shamballa, um grande centro etérico no Deserto de Gobi. Este é o centro onde a Vontade e o Plano – o Plano de evolução – da animadora Deidade é conhecido. Ele se manifesta através da agência do segundo centro, a Hierarquia Espiritual de Mestres e iniciados, o centro onde o Amor de Deus é expresso. O terceiro centro é a própria humanidade, o centro onde a inteligência de Deus se manifesta. Eles estão separados hoje mas, através do processo evolucionário, eles serão unidos. Assim como a centelha de Deus, a "Mônada" em terminologia Teosófica, reflete a si mesma como a alma, que novamente se reflete na personalidade humana, que são ambas reunidas pelo processo evolucionário, no esquema exterior das coisas a humanidade irá se unir com a Hierarquia. Quando a humanidade estiver pronta, quando existirem discípulos o suficiente no mundo criando uma ligação com a Hierarquia, o centro que nós chamamos humanidade será um e o mesmo com o centro onde o Amor de Deus é expresso, a Hierarquia Espiritual. Eles serão unidos eventualmente com Shamballa, o centro onde a Vontade de Deus é conhecida. Os Mestres estão almejando ligarem-se com Shamballa, assim como nós, sabendo ou não, estamos almejando nos unir com a Hierarquia. Eventualmente, todos os três estarão ligados, e o processo evolucionário estará completo.

RO: Os Mestres trabalham independentemente ou como um grupo? Eles têm um líder? Como a Hierarquia é estruturada?
BC: Eles partilham uma consciência; Eles não têm consciência separada como personalidades. Eles nunca podem dizer "Eu", porque Eles não têm sentido de Eu. Eles são um grupo com consciência grupal. Como Seu líder está o Mestre de todos os Mestres, Cujo nome pessoal é Maitreya. Foi previsto que ele viria

agora pelo Buda: 2.500 anos atrás, o Buda Gautama fez uma profecia que neste tempo viria outro grande Instrutor, um Buda como Ele Mesmo, de nome Maitreya, Que inspiraria a humanidade a criar uma nova e brilhante, dourada civilização, baseada na retidão e verdade. Existem 60 Mestres, três Grandes Senhores, como Eles são chamados. Maitreya é um destes três. Maitreya ocupa o cargo de Instrutor do Mundo e encarna a energia que nós chamamos Princípio ou Consciência Crística, o segundo aspecto da trindade Cristã. Dois mil anos atrás, Ele ofuscou Seu discípulo Jesus por três anos, e Jesus se tornou Jesus, o Messias, ou traduzido para Grego, Jesus, o Cristo. O Próprio Cristo é Maitreya. Sua consciência, do batismo até a crucificação, manifestou-se através de Jesus e inaugurou a era Pisciana que está agora chegando ao final. Maitreya voltou ao mundo para levar adiante o que Ele começou através de Jesus, e irá completar na era de Aquário que está agora começando.

RO: Você mencionou Maitreya e Jesus. Quais são suas relações com outros instrutores através da história, como o Buda, Krishna, Maomé?
BC: Jesus ensinou através de Maomé. Assim como Maitreya ensinou através Dele, Ele ensinou através de Maomé. O Buda ensinou através do Príncipe Gautama e Mitra, e Maitreya também ensinou através de Krishna e Shankaracharya em tempos anteriores.

O Cristo

RO: Como você compararia o Cristo, como Ele realmente é, com visões religiosas ortodoxas?

Krishna

BC: A visão ortodoxa é que Ele é o único Filho de Deus. Na verdade, não existe tal pessoa; nunca houve e nunca existirá tal pessoa. Cada homem, mulher e criança no mundo é um filho ou filha de Deus. Cada um de nós tem, em potencial, esta divindade. Há apenas uma única divindade, e todos nós partilhamos ela. A única diferença entre o Cristo e nós mesmos, o Buda ou Krishna e nós mesmos, é que Eles *manifestaram* Suas divindades. Eles *sabem* que Eles são Filhos de Deus, e Eles *demonstram isso*. Nós não sabemos que somos filhos de Deus. Nós somos ensinados de outra forma pelas igrejas: nós somos ensinados que nós nascemos em pecado e apenas através da agência de Jesus nós podemos conhecer Deus.

Na verdade, Deus pode ser conhecido por qualquer um em qualquer momento. Você não precisa ser um Cristão, Hindu, Budista ou um Mulçumano para conhecer Deus. Você pode conhecer Deus seja você religioso ou ateu, acredite você em Deus ou não. Não possui nenhuma relação com crença, mas com experiência direta. Porque você *é* Deus, porque você é divino, seja lá sua crença ou não-crença, você pode conhecer Deus como uma experiência imediata em sua vida – da forma que cada criança automaticamente, instintivamente, o faz quando ela vem para o mundo, sem ter ouvido falar que ela nasceu em uma família Cristã, Budista, Mulçumana ou Hindu. Não está relacionado com isso, mas com sua experiência.

Deus não está preocupado se você é um Budista, Hindu ou Cristão. Estas são manifestações temporárias em tempo e lugar, e o acidente do nascimento – onde você acaba nascendo. Se você nasceu no Ocidente é mais provável que você seja Cristão. Se você nasceu no Oriente, é mais provável que você seja Hindu ou Budista. Se você nasceu no Oriente Médio, você provavelmente será Judeu ou Mulçumano. Os mais fanáticos expoentes do Cristianismo, Islamismo, Hinduísmo, do Judaísmo e do Budismo, e por aí vai, criaram estas separações totalmente artificiais no mundo. Isso prejudicou a evolução da humanidade. Isso nos mantém atrasados. Isso impede a criação de corretas relações humanas. Corretas relações é o próximo passo à frente para a humanidade, então qualquer coisa que nos atrase não é algo a ser bem vindo.

RO: Você mencionou "o próximo passo à frente para a humanidade". Isso tem alguma relação com o por que de Maitreya estar aqui agora?
BC: Sim, muito. É em uma nova era que nós estamos entrando, a era de Aquário, e é lógico, este é um evento astronômico, não astrológico. Ele está relacionado com a relação agora sendo formada no cosmos entre nosso sistema solar e a constelação de

Aquário. Pelos próximos 2.350-2.500 anos, nós estaremos absorvendo a energia cósmica de Aquário, que irá transformar toda a vida no planeta. Ela é uma energia sintetizadora: ela atrai, funde e mistura, enquanto que a energia de Peixes, a era agora terminando, separou e dividiu o mundo. O processo irá adiante e, gradualmente, a humanidade irá compreender a realidade de sua natureza espiritual.

Isto permitiu aos Mestres começarem a entrar no mundo. É devido ao fato de que tantos discípulos estão se aproximando da primeira iniciação, e portanto entrando na Hierarquia, que se cria uma atração magnética, um canal, através do qual os Mestres são magneticamente atraídos ao mundo. Eles estiveram prontos para fazer isso por mais de 500 anos; a única questão tem sido quando isso seria possível. Foi pensado que levaria provavelmente outros 12 ou 13 mil anos. Mas em 1945, no final da guerra, Maitreya anunciou Sua intenção de retornar no momento mais próximo e trazer Seu grupo, os Mestres, para o mundo com Ele. É isso o que está acontecendo agora.

RO: É incrível imaginar instrutores como este, não apenas um, mas muitos, estando entre nós. Por que todos Eles estão vindo neste momento?
BC: Nós alcançamos o final da era, uma era na qual a humanidade se tornou tão dividida, mas tomou um grande passo adiante. Nós desenvolvemos a individualidade, nós temos um idealismo que, corretamente desenvolvido, pode nos levar à frente na evolução. Também, como eu disse, tantos se tornaram discípulos e estão atraindo a Hierarquia para o mundo. Mas essencialmente, Eles vieram para terminar um ciclo em Suas próprias evoluções, bem a parte da humana, que necessita Seus retornos ao mundo. Cada Mestre fez isso individualmente, mas agora Eles devem mostra em formação grupal, Suas habilidades de funcionarem simultaneamente em todos os planos, do denso físico até o espiritual mais elevado.

RO: Se a sabedoria das eras não precisará mais ser interpretada através de várias pessoa, o que se tornará da religião?
BC: Elas continuarão, mas purificadas. É óbvio que, com o retorno dos Mestres ao mundo, uma transformação em consciência está acontecendo e continuará acontecendo. A ênfase das religiões mudará. Essencialmente, elas são estações de

estímulo, para se manter viva a realidade espiritual por trás da vida cotidiana, e para proteger jovens almas, de forma que elas se mantenham no caminho espiritual. Elas permitem, desta forma, uma medida de controle e de auto-regulação de indivíduos que podem, tendo estabelecido aquela disciplina em suas próprias vidas, entrarem no caminho esotérico e continuarem suas evoluções mais conscientemente, como discípulos.

RO: Existirão novas formas ou estruturas religiosas?
BC: O Mestre Djwhal Khul, Que deu os ensinamentos através de Alice Bailey, previu uma futura religião mundial que será muito científica. Ela será baseada no processo esotérico de evolução, de iniciação como central para o caminho, e as primeiras duas iniciações se tornarão o objetivo para a massa da humanidade. Existirão escolas especiais nas quais preparação para iniciação será feita – não é algo que você possa ensinar – que permitirá às pessoas tomarem a primeira e segunda iniciações. Maitreya é o iniciador nas duas primeiras iniciações, e irá ao redor do mundo iniciando centenas de milhares de pessoas neste mais profundo aspecto de nossa vida. Cada iniciação confere sobre o iniciado uma revelação mais profunda sobre a mente do Logos criador, de forma que você se torna consciente cada vez mais do Plano de evolução. Se você é consciente do Plano, e de sua parte neste Plano, você pode agir muito mais conscientemente, portanto, de maneira muito mais eficaz. E então o aspecto serviço do discípulo é reforçado.

O Anticristo

RO: Se Maitreya é o Cristo, então quem ou o que é o Anticristo?
BC: Há um tremendo mal entendido sobre o Anticristo, certamente entre grupos Cristãos. Eles esperam o Cristo "no fim do mundo". Na verdade, Ele veio no fim da era, não no fim do mundo. No fim do mundo, quando todo o mundo está se desintegrando, eles esperam que Ele desça em uma nuvem em Jerusalém. Eles acham que Ele está sentado no "céu", mas o Cristo não esteve mais próximo do céu do que no Himalaia, a 17.500 pés de altura, pelos últimos milhares de anos. E é de lá que Ele vem ao mudo, não deste céu mítico. Céu é um estado de ser. O Reino dos Céus está dentro de nós, como o Próprio Jesus ensinou. É a Hierarquia Espiritual, da qual Ele é um membro.

O Anticristo não é um homem, como os Cristãos acreditam, que virá antes do Cristo, e pode mesmo ser tomado pelo Cristo. A idéia vem do Apocalipse de São João: a besta, 666, é aprisionada por um tempo e meio. Isso se refere à liberação da energia que nós chamamos Anticristo. Não é um homem mas uma *energia*, uma força destrutiva que é deliberadamente liberada para demolir a velha ordem, a velha civilização. Ela foi liberada nos próprios dias de João, através do Imperador Nero, para levar ao fim da expansão Romana, para preparar o caminho para a Cristandade. Ela foi liberada novamente em nosso tempo através de Hitler, um grupo de homens igualmente maus ao redor dele na Alemanha Nazista, junto com um grupo de militaristas no Japão e mais um grupo ao redor de Mussolini na Itália. Estes três grupos, os poderes do Eixo na guerra de 1939 até 1945, encarnaram a energia que nós chamamos o Anticristo. Esta força destrutiva foi liberada para preparar o caminho para o retorno do Cristo ao mundo agora. E foi, de fato, em Junho de 1945, precisamente no final da guerra, que Maitreya anunciou Sua intenção de retornar no momento mais próximo possível, e desta vez trazer Seu grupo, os Mestres da Hierarquia Espiritual, de volta ao mundo – em Seus casos pela primeira vez em cerca de 98.000 anos.

O Anticristo está atrás de nós; ela já foi, ele fez seu trabalho destrutivo, ele foi embora. Agora ele precisa ser "acorrentado por um tempo e meio". Isto significa, selado ao seu próprio domínio para a era de Aquário – isso é, "o tempo" – e metade da era seguinte, a era de Capricórnio, quando ele será liberado novamente. Na metade da era de Capricórnio a "besta" será liberada uma vez mais, ocorrerá outra grande guerra, desta vez lutada nos planos mentais. Esta será a terceira fase da manifestação do Anticristo. Foi a guerra entre as forças da luz e as forças do mal, como nós as chamamos (as forças da materialidade como elas são chamadas pelos Mestres), que destruiu a antiga civilização Atlante cerca de 100.000 anos atrás. Pelos últimos 100.00 anos, esta guerra esteve ocorrendo nos planos astrais. Ela foi precipitada no plano físico em 1939 por Hitler e seu grupo, junto com os grupos Italianos e Japoneses, assim manifestando, para este tempo, o Anticristo. Agora ela foi selada ao seu próprio domínio.

As forças da materialidade têm um papel a exercer: a elevação do aspecto matéria do planeta. Se elas fizessem apenas isso, não existiria mau envolvido. Mas elas não restringem suas atividades ao arco involucionário, que é sua natural esfera de atividade. Seus trabalhos extravasam para o arco evolucionário, onde nós estamos, e é hostil ao nosso progresso espiritual; elas precisam, portanto, ser contidas. As forças do Anticristo são seladas no seu próprio domínio erguendo-se a humanidade acima do nível onde elas podem ser usadas, contatadas, influenciadas por estas forças materialistas. Este é o trabalho do Cristo e dos Mestres na era de Aquário que está agora começando.

RO: Na cultura popular, e certamente até certo grau em religiões, o Anticristo, Satã, Lúcifer, são personificados. Isso cria um drama maior, é lógico. Mas qual é a visão esotérica do Satã, Lúcifer?
BC: Satã é aquilo que nós chamamos Anticristo. Eu acabei de mencionar as forças da materialidade. Elas têm um papel de erguer a matéria do planeta.

Lúcifer é visto por grupos Cristãos como o demônio. Ele não é nada do tipo! Lúcifer é na verdade o nome de um grande anjo Que anima o reino humano. Cada alma humana é uma parte individualizada de uma grande super-alma. O nome da grande super-alma, que é divina, é Lúcifer.

RO: Então quem é o demônio?
BC: Não há um indivíduo que seja o demônio. Você poderia dizer que o oposto do bem é o demônio, e este é cada um de nós. É simplesmente a expressão egoísta, gananciosa da personalidade de indivíduos. Mas em termos esotéricos, profundamente, o demônio, as forças do mal, ou as forças da materialidade, têm o papel de cuidarem dos fogos do planeta. Este planeta é uma entidade vivente e que respira. Estes fogos são controlados cientificamente, de outra forma, eles explodiriam e o planeta seria destruído. Tudo funciona sobre a lei. Os Senhores da Materialidade, tendo o papel de erguer a matéria do planeta, trabalham com a evolução dévica sub-humana, os elementais no arco involucionário, para levarem adiante seus trabalhos. Eles não estão contentes com isso, mas extravasam-se para o arco evolucionário, e é aqui onde eles se tornam ruins.

RO: Então, a Hierarquia precisa lidar com eles?
BC: Ela precisam lidar com eles, e Ela de fato lida com eles protegendo a humanidade de um extravasamento muito grande do

mal, com o qual nós não conseguiríamos lidar. Nós todos estamos bem protegidos.

A Origem do homem

RO: Como isso foi mal interpretado?
BC: Por causa da natureza simbólica de sua apresentação na história da Bíblia de Adão e Eva. O antigo animal-homem, não ainda verdadeiramente humano, mas não mais simplesmente animal, tinha alcançado um certo ponto em sua evolução, com um forte, co-ordenado corpo físico, um corpo astral de sentimentos, e o germe de mente, uma mente incipiente que mais tarde formaria o núcleo do corpo mental. Quando este ponto foi alcançado 18 milhões e meio de anos atrás, as almas humanas, aguardando no plano da alma apenas por este momento na evolução, encarnaram pela primeira vez nestes antigos animais-homem. Esta é a "queda do paraíso" de Adão e Eva.

RO: Era uma metáfora.
BC: De fato. Tudo aquilo é uma metáfora. Não foi uma queda do paraíso, mas uma parte deliberada do Plano de evolução, que as almas humanas tivessem que abrir mão do "paraíso", vivendo em pralaya, um estado maravilhosamente paradisíaco de alegria sem fim, e "comer o fruto da árvore do conhecimento" – tomarem encarnação no plano físico nestes ainda animais-homem. É isso o que aconteceu, e isso foi mal interpretado como uma queda do paraíso: que Lúcifer era um grande anjo, mas se rebelou contra Deus e pensou que ele era tão bom quanto Deus, e então foi colocado para fora do céu. Isto é uma história, apenas uma história, e totalmente mal interpretada. É realmente a história da encarnação da evolução humana.

Meditação e Serviço

RO: Há algo que nós possamos fazer como indivíduos para nos ajudar a movermo-nos através da evolução mais rápido?
BC: A evolução é acelerada através da meditação e serviço. Estas são as duas alavancas do processo evolucionário. Nada o faz se mover adiante mais rápido do que correta, científica meditação e poderoso, altruísta serviço para o mundo.

A alma vem em encarnação em primeiro lugar para servir ao Plano de evolução. Ela é consciente do Plano do Logos do planeta e ela procura de toda forma levar adiante este Plano. O principal aspecto deste Plano é a espiritualização da matéria, que a alma faz entrando em encarnação. Em seu próprio plano, a alma é perfeita, mas em encarnação, ela precisa passar através de todas as limitações de nossas vidas miseráveis: o egoísmo e ganância, os pensamentos disformes que nós projetamos ao nosso redor que criam as Bósnias, as Ruandas, e as terríveis situações na África – milhões passando fome em um mundo de plenitude.

RO: O que a meditação faz que propele uma pessoa a diante?
BC: Ela co-ordena os veículos e te leva em contato com a alma. Meditação é um método, mais ou menos científico, dependendo da meditação, de se levar uma pessoa em contato com sua alma; eventualmente em total união com a alma. Ela é dada para este propósito. Assim que isso esteja estabelecido, a pessoa usa a meditação como um meio de se chegar mais alto e mais profundamente na natureza da alma, porque a alma é realmente tripla. Ela é um reflexo da centelha de Deus, que tem três aspectos: atma, buddhi e manas. O manásico foca o aspecto inteligência; o búdico foca o aspecto amor-sabedoria; e o átmico foca o aspecto vontade. Gradualmente, através da meditação e serviço, a inteligência, o amor-sabedoria, e finalmente a vontade de Deus são contatados e conhecidos, e se tornam parte da natureza do discípulo.

RO: Qual é a diferença entre meditação e oração?
BC: Oração é freqüentemente, em sua maior parte, uma súplica emocional por ajuda, mas em seu aspecto mais elevado, é uma comunhão de coração com a deidade. A Meditação é um método, mais ou menos científico, de se contatar a alma e alcançar união com a alma. Não há emoção envolvida. Oração eventualmente irá mudar e se tornar invocação. Deus será visto como consciência, demonstrando-se como energia, que pode ser invocada. Isto será central para uma nova religião mundial, que o Mestre Djwhal Khul disse irá gradualmente evoluir. As pessoas irão se afastar do apelo estritamente emocional, em direção à uma invocação científica do que nós conhecemos como sendo Deus: as energias, a natureza espiritual de Deus, que é então demonstrada no mundo.

RO: Você mesmo trouxe algo ao mundo conhecido como Meditação de Transmissão, que você disse é tanto uma meditação e serviço combinados. Como?
BC: Meu Mestre introduziu a Meditação de Transmissão em Março de 1974 quando o primeiro grupo foi formado em Londres. Existem agora centenas de grupos todos ao redor do mundo. Ela é projetada para dar ao moderno, ocupado, ativo discípulo um campo tanto de serviço e meditação que, em seus efeitos no mundo, é muito poderosa.

RO: Como ela funciona?
BC: Os Mestres são os Guardiões de todas as energias entrando no planeta. Muitas destas energias são cósmicas e, se enviadas diretamente ao mundo, seriam muito altas e simplesmente ricocheteariam nas massas de pessoas. Então os grupos de Meditação de Transmissão foram criados através dos quais as energias podem ser diminuídas. As energias são enviadas através dos chakras, os centros de força, na coluna dos indivíduos no grupo. Isso automaticamente transforma a energia em um nível onde ela pode ser prontamente absorvida pela humanidade. Estas são grandes energias transformadoras que mudam o mundo conforme a humanidade respondem à elas.

O trabalho é feito de tal forma a dar aos discípulos um campo de serviço – poderoso, eficiente – mas necessitando de muito pouco tempo e energia, e ao mesmo tempo, ela estimula a evolução dos discípulos. Não é possível ter estas poderosas energias cósmicas e solares cientificamente transmitidas através de alguém sem os chakras serem galvanizados. Então, quando você entra em um grupo de Meditação de Transmissão você está entrando em um tipo de estimulador, um processo forçado, que acelera a evolução dos indivíduos que a fazem.

Espiritualidade

RO: Algumas pessoas diriam que a inteligência não está se expressando muito bem através da humanidade.
BC: Não é falta de inteligência, mas uma falta de vontade espiritual. Nós temos grandes ideais, mas nós tendemos a pensar que tendo o ideal já é o bastante, que de alguma forma que será implementado por si só. Nós temos que *fazê-lo*. O que é necessário é uma aplicada, *prática* espiritualidade. Pelos últimos

2.000 anos, nós tivemos muitos ideais: de fraternidade e irmandade, um reconhecimento que nós somos todos filhos de Deus, um desejo por paz na terra, boa vontade para todos os homens, e por aí vai. Nós os enunciamos todo o Natal, uma vez por ano, e o repetimos na Páscoa, talvez. Mas na verdade, em nossas vidas diárias, nós somos tão corruptos quanto nós podemos ser. Isso é porque nós temos apenas uma *noção* de espiritualidade. Os grupos religiosos são os principais culpados disso. Suas tarefas eram a de ensinar e curar. Eles ensinaram, a mim, de maneira muito ruim, e praticamente não curaram de forma alguma. E isso separou a humanidade de sua própria natureza espiritual. O Mestre Djwhal Khul diz categoricamente que um dos maiores triunfos das forças do mal, das forças da materialidade, é o fato de que os grupos religiosos monopolizaram a idéia de espiritualidade: seja lá o que for religioso é automaticamente espiritual (seja de fato ou não) e tudo o mais pode ser tão corrupto quanto nós quisermos. Negócios são corruptos, a política é corrupta, sistemas econômicos são corruptos. Mas pensa-se que a religião está livre desta corrupção; que ela é "espiritual". Nós temos que entender que a palavra espiritual significa a ativa melhora de vida para todas as pessoas, para a maioria das pessoas. Espiritual é qualquer coisa que leve o homem ou a mulher a um estado mais elevado de vida, seja isso no plano físico, o emocional-astral, o mental, ou no espiritual ou da alma. Qualquer coisa que é em direção à melhora da humanidade é fundamentalmente espiritual; não é apenas uma coisa religiosa. O caminho religioso é apenas um caminho. Então nós temos que criar estruturas – políticas, econômicas e sociais – que sejam fundamentalmente espirituais em intenção.

RO: Então você diria que o papel essencial de todas as religiões é o de ensinar viver corretamente, o oposto a se desafiar alguém?
BC: Absolutamente. É este que foi ensinamento central dos grandes Instrutores. Cada Instrutor veio, deu Seu ensinamento para um grupo pequeno, então aparentemente desapareceu do planeta. Ele foi colocado nos céus, ou nirvana, bem fora do caminho, separado da humanidade, e isso nos deixou sobre o controle dos sacerdotes. Eles interpretaram (ou mal interpretaram) os ensinamentos afim de manterem-se no poder, em sua maior parte. Eles são os interpretadores, eles são os elos entre homem e Deus. Bem, o homem não precisa desses elos. O homem tem

Deus dentro de si. Os líderes da igreja sempre ensinaram que Deus está "lá em cima", e você deve tomar cuidado com o que você diz e faz porque Deus está ouvindo. Quando, na verdade, o Deus interno é o Deus que realmente conta, o Deus Que está levando-o adiante no caminho da evolução, o qual você precisa aprender a demonstrar em Sua real natureza, que é altruísmo, amor, generosidade, cuidado, e por aí vai.

RO: Como se cultiva a espiritualidade?
BC: Maitreya diz para cultivar três coisas: honestidade de mente, sinceridade de espírito, e desapego. Eles parecem fáceis, mas eles são muito difíceis, de outra forma todos nós os faríamos, é lógico. Todos nós pensamos uma coisa, dizemos outra, e fazemos outra novamente; nós temos pouca honestidade de mente. Nós precisamos incentivar, e praticar, a honestidade de mente. Isso nos permite sermos desapegados. Pratique desapego e isso lhe permite ter honestidade de mente. Isso também envolve sinceridade de espírito. Dificilmente alguém é o que realmente é. Nós imitamos a todo momento. Nós queremos que as pessoas pensem que nós somos isso ao invés daquilo, que nós somos legais, que nós somos bons, que nós somos honestos, que nós somos seja lá que ideais nós procuramos apresentar ao mundo. É raro encontrar pessoas que sinceramente e honestamente são quem elas são. Isso produz um estado de falar do coração e, desta forma, a natureza espiritual de uma pessoa pode ser transmitida à alguém, e elas podem responder. É uma relação de "coração à coração" que você procura estabelecer. Então você é quem você é. É como registrar e expressar sua própria identidade, sinceramente e totalmente. Novamente, isso produz desapego. Esses três funcionam juntos: desapego produz honestidade e sinceridade, que produz mais e mais desapego. Maitreya diz: "Apenas o Ser importa" (o Ser significando o aspecto divino, o Senhor). "Você é este Ser, um Ser imortal." E, Ele diz, nossa dor, nosso sofrimento, nosso problemas, são devido ao fato de que nós nos identificamos com tudo, e qualquer coisa, a não ser este Ser. Ele diz, pergunte a si mesmo "Quem eu sou?" Se você o fizer, você descobrirá que está identificado com o corpo físico, que dura por apenas uma vida e é renovado continuamente, então ele não pode ser o Ser eterno.

Ou nós nos identificamos com nossas emoções, nossos sentimento, suas sensações de energia, que são transitórias – um dia você sente uma coisa, outro dia você sente outra. Elas não são o Ser. Ou você se identifica com as construções da mente, com suas crenças, ideologia, seja você Cristão, Budista, Hindu ou o que seja, e com todas as tradições que vêm com isso. Não importa para o Ser, por um instante, se você é Cristão, Budista, Mulçumano ou Hindu, ou de nenhuma religião; o que importa é que você veja a si mesmo como o Ser, que você se identifique com o Ser, que é o mesmo que Deus. Auto-realização é realização-Divina. Se você praticar correta identificação e desapego, você chega inevitavelmente à Auto-consciência, que leva à Auto-realização. Não é uma crença, não é uma religião, não é uma ideologia, mas algo que beneficia todas as pessoas e é, na verdade, *o objetivo da vida*.

RO: Você diz que as pessoas também desenvolvem a espiritualidade através do serviço. Há uma forma certa de serviço a qual as pessoas devem procurar?
BC: A forma certa de serviço é aquilo que você pode fazer em seu máximo em qualquer momento. É lógico, existem níveis diferentes de serviço. Madre Teresa servia dia a dia, ajudando aos pobres e morrendo e indo à Calcutá e outros lugares; outros servem como primeiro ministros e presidentes de grandes nações, bem ou ruim, mas eles servem; outros servem como conselheiros religiosos, como assessores; ouros servem como instrutores, como artistas, e por aí vai. Existem muitas formas de serviço, mas todas estão relacionadas com altruísmo. Serviço não é serviço a não ser que ele seja realizado de forma altruísta.

Mudanças Futuras

RO: Conte-me um pouco mais sobre quais mudanças você vê adiante de nós, e como elas serão implementadas.
BC: Haverá uma nova tecnologia chamada a "tecnologia da luz". Nós começaremos a usar a luz diretamente do sol. Todas as formas de energia utilizadas hoje se tornarão obsoletas. Esta nova energia irá satisfazer cada necessidade energética da humanidade. E, é lógico, ela não pode ser monopolizada por quaisquer indivíduos ou grupos. Ela está em todo o lugar, gratuita para todos, e é sem fim em suas ramificações. Ela também terá aplicações médicas em relação com um aspecto mais avançado da engenharia genética na qual a humanidade já está engajada. Órgãos inteiros serão recriados. Ao invés de ter um transplante de

coração, fígado ou rim, você simplesmente irá para uma clínica por algumas horas e, com esta técnica de engenharia genética e tecnologia da luz, um novo órgão será colocado no corpo sem cirurgia. Eu não sei por quantas vezes, mas talvez uma vez ou duas por vida.

Transportes se tornarão aparentemente imóveis, tão silenciosos, sem vibrações, que a fadiga irá desaparecer, e nós seremos capazes de irmos em longas jornadas sem nos sentirmos cansados.

Também, um tempo está vindo quando a humanidade, apenas por pensamento, como os Mestres fazem agora, será capaz de se colocar em qualquer lugar do mundo. Então, se você quiser ir para a Austrália, pense em você lá e de volta novamente.

RO: Nós temos que fazer algo para merecermos tudo isso?
BC: Nós temos que nos tornar seres humanos decentes e reconhecermos que nós somos um, irmãos e irmãs da humanidade una, e portanto a comida, as matérias primas, a energia, o conhecimento científico, a tecnologia, os sistemas educacionais, os sistemas de saúde do mundo pertencem à todos, e devem ser redistribuídos mais igualmente ao redor do mundo: assim nós podemos criar a realidade da humanidade una, a fraternidade dos homens. E, desta forma, nós criaremos as corretas condições para merecermos todos estes avanços tecnológicos.

A Emergência do Instrutor do Mundo

Julho de 1977: Maitreya deixou Seu centro no Himalaia e voou para Londres, vindo como profetizado "das nuvens", "como um ladrão na noite". Desde então, Ele tem vivido como um aparente homem comum preocupado com problemas modernos políticos, econômicos, sociais e ambientais.

Março de 1978: Maitreya começou a emergir como um porta-voz na comunidade Paquistanesa-Indiana de Londres, falando não como um líder religioso, mas como um educador no sentido mais amplo – apontando o caminho para fora dos presentes problemas mundiais. Embora altamente respeitado por Seu sábio conselho, Seu verdadeiro status foi reconhecido por relativamente poucos.

Maio de 1982: Durante uma conferência de imprensa em Los Angeles, o artista Britânico e palestrante internacional Benjamin Creme revelou *pela primeira vez* que Maitreya esteve vivendo na comunidade Asiática do Leste de Londres, Inglaterra, aguardando por um convite da humanidade para vir adiante publicamente. Desta forma, Ele não viola nosso livre arbítrio.

Agosto de 1987: Creme anunciou: "Maitreya estará trabalhando para levar adiante um avanço em relações internacionais." Menos de um mês depois, os avanços começaram. Encontros políticos entre Americanos e Soviéticos foram seguidos, em Dezembro, por acordos de armamentos que ninguém achou que seriam possíveis.

Avanços que pareciam mais impossíveis se seguiram: o fim do apartheid na África do Sul, a queda do Muro de Berlim, o acordo de paz Israelense-Palestino, a decisão da OTAN em restaurar a paz na Bósnia depois de anos ignorando o problema, e processo de paz a caminho na Irlanda do Norte.

Grandes mudanças mundiais são esperadas que se desenvolvam em freqüência crescente, com ênfase em se resolver os vários problemas econômicos, políticos, culturais, e injustiças sociais na raiz dos problemas globais mais urgentes de hoje.

**Maitreya em Nairobi
Junho de 1988**

Abril de 1988: Os ensinamentos espirituais de Maitreya, assim como uma série de previsões de eventos mundiais, começaram a ser liberados à imprensa em Abril de 1988 por um associado próximo na comunidade Asiática, que comunicou esta informação à dois jornalistas independentes. Estas previsões foram, e estão continuando, a serem cumpridas com precisão impressionante.

Maitreya começou a aparecer "milagrosamente", tanto em pessoa e em sonhos, para líderes bem conhecidos em vários países, para muitos cidadãos comuns, e para grandes grupos através do mundo. O primeiro desses foi em Nairobi, Quênia, em 11 de Junho de 1988, onde Ele apareceu "do nada" em um encontro de oração. Ele foi fotografado se encaminhando à milhares que instantaneamente O reconheceram como o Cristo, e muitas pessoas foram curadas. A história e foto foram levadas à mídia ao redor do mundo, incluindo a CNN.

1991-presente: Maitreya continua a aparecer milagrosamente diante de grandes grupos – principalmente fundamentalistas de várias religiões. Em tais ocasiões, Ele toma uma forma física que irá inspirar reconhecimento. Em Nairobi, esta forma lembrava imagens familiares de Jesus. Águas curativas foram descobertas na área geral de três de Suas aparições: Tlacote, México; Nadana, Índia; e Nordenau, Alemanha. Até agora [2006], para 240 fontes de água através do mundo foram dadas propriedades curativas e serão gradualmente descobertas por residentes locais.

Ocorrências de fenômenos inexplicáveis aumentam dramaticamente, atraindo tanto a atenção do público e da mídia: estátuas de Maria que choram e que sagram, encontros angélicos, cruzes de luz, círculos nas plantações, mensagens sagradas em frutas e vegetais, caroneiros que desaparecem e estátuas religiosas Hindus que se relatam "beber" leite oferecido por adoradores.

Maitreya é esperado a fazer Sua *principal* aparição através de uma entrevista em rede de televisão. Isso levará ao "Dia da Declaração", onde Ele irá falar para toda a humanidade internamente, em suas próprias línguas e, ao mesmo tempo, centenas de milhares de curas ocorrerão. Aqueles que têm televisão irão também ver Seu rosto – transmitido por uma ligação internacional via satélite realizada pela mídia mundial. Desta forma, as pessoas em todos os lugares saberão que o Instrutor do Mundo está agora entre nós.

Ensinamentos de Maitreya

Maitreya não veio começar uma nova religião. Ele é um instrutor, guia e conselheiro para toda a humanidade – *independente da afiliação religiosa*. Ele irá mostrar a nós como aplicar o princípio do amor em todos os nossos relacionamentos – estejam eles nas esferas econômica, política, educacional, cultural ou social.

Ele irá nos levar ao reconhecimento de nossa própria divindade e nossa verdadeira identidade como almas. Desta grande compreensão espiritual e poder criativo, virão uma nova vivência, harmonia e alegria. Nós aprenderemos o princípio da partilha e uma profunda compreensão da unicidade de toda a vida-
- grande e pequena.

Sua mensagem pode ser resumida em poucas palavras: "Partilhe e salve o mundo". Desta forma, nós poderemos colocar um fim na ameaça da guerra, opressão e fome. Ele nos aconselha: "Tomem a necessidade de seu irmão como a medida para suas ações e resolvam os problemas do mundo. Não há outro caminho."

Maitreya tem certeza que nós iremos aceitar esta mensagem e que nós estamos agora no limiar de uma era de paz e boa vontade.

A Reorganização das Prioridades
pelo Mestre —, através de Benjamin Creme

Tal é a pressão sobre a qual a humanidade vive hoje que apenas os poucos podem perceber as transformações que, diariamente, estão ocorrendo em escala global. Um ímpeto de mudança tem sido estabelecido que ninguém pode parar ou desviar. Assim é que o mundo está passando por uma regeneração, purificação e dor, preparatória para a criação de uma civilização inteiramente nova.

A nova civilização será construída sobre as fundações do passado, mas, necessariamente, muito do antigo deve ser desfeito, corrupto e inútil como é. Para aqueles com olhos para ver, as novas indicações já são evidentes. Para onde quer que os homens virem seus olhos hoje, uma nova paisagem se apresenta, novas idéias engajam a mente, novas estruturas tomam forma experimental. Um mundo em mudança está se transformando, as dores crescentes de mudança são sentidas por todos.

Nesta situação veio o Cristo, ansioso em ajudar os homens em sua hora de necessidade. Que Ele pode ajudar não há dúvidas, mas os homens devem desejar as mudanças que Ele irá defender e implementá-las de seu livre arbítrio. Nada será forçado e nada imposto, pois de outra forma a Lei seria infringida.

A velocidade da mudança será condicionada pela capacidade dos homens em se absorver as medidas pelas quais um mundo doente grita: partilha e justiça, co-operação e aceitação do governo da lei. Apenas assim os homens irão encontrar a paz pela qual as pessoas aspiram.

Para ajudar os homens em suas tarefas, o Cristo formulou certas prioridades que, quando implementadas, irão estabelecer equilíbrio e ordem, e assim criar a harmonia sobre a qual o bem-estar e a paz dependem. Estas prioridades são simples e auto-evidentes, mesmo assim, em nenhum lugar elas existem em alguma grande extensão. Enumeradas, elas cobrem as necessidades essenciais de cada homem, mulher e criança. A primeira prioridade é um adequado suprimento da comida correta; em segundo lugar, casa e abrigo adequado para todos; em terceiro lugar, saúde e educação como um direito universal.

Estes são os requerimentos mínimos para um mundo estabilizado e irão se tornar as principais responsabilidades de governos em todos os lugares garanti-los. Simples como eles são, suas inaugurações terão efeitos extensos, e irão levar à uma nova era nesta Terra.

A criação de armas de guerra é grande nas prioridades de muitas nações hoje. Deste tempo em diante, essas novas prioridades devem tomar prioridade, e assumir os recursos dados agora para a "defesa".

Quando isso for feito, uma grande onda criativa de alegria irá se espalhar pelo planeta e homens em cada nação irão responder. Co-operação e partilha irão se tornar a ordem do dia, e pessoas em todos os lugares encontrarão um novo propósito e significado em suas vidas. Maitreya estará presente para aconselhar e guiar, e sobre Sua sábia direção o mundo será refeito. Este tempo está agora próximo.

De A Master Speak

O Homem Deve Mudar ou Morrer

Maitreya, o Instrutor do Mundo, Mensagem Nº 81

...Minha vinda evoca nos homens um desejo por mudança, um desejo por melhora, seja lá de que forma expresso.
Minhas energias fomentam no homem descontentamento divino.
Tudo que é inútil em nossas estruturas deve ir embora.
Existem muitas que não são dignas do homem hoje.

O homem é um Deus emergente e assim necessita da formação de modos de vida que irão permitir a este Deus florescer.
Como vocês podem estar satisfeitos com os modos nos quais vocês agora vivem: quando milhões passam fome e morrem em esqualidez; quando os ricos exibem suas riquezas diante dos pobres, quando cada homem é o inimigo de seu vizinho; quando nenhum homem confia em seu irmão?
Por quanto tempo vocês viverão assim, meus amigos?
Por mais quanto tempo vocês podem suportar esta degradação?

Meu plano e meu dever é o de revelar à vocês um novo caminho, um caminho à frente que irá permitir ao divino no homem brilhar adiante.
Assim Eu falo gravemente, meus amigos e irmãos.
Escutem bem às minhas palavras.
O homem deve mudar ou morrer: não há outro caminho.
Quando vocês verem isto, vocês de bom grado assumirão minha causa e mostrarão que para o homem existe um futuro banhado em Luz.

Meu ensinamento é simples:
Justiça, Partilha e Amor são aspectos divinos.
Para manifestar sua divindade, o homem deve abraçar estes três.

Que a Luz Divina e Amor e Poder do Único Mais Sagrado Deus sejam agora manifestados dentro de seus corações e mentes.
Que esta manifestação levem vocês à percepção de seus papéis no Grande Plano.

De *Messages from Maitreya the Christ*

A Grande Invocação

Do ponto de Luz na Mente de Deus
Flua luz às mentes dos homens.
Que a Luz desça à Terra

Do ponto de Amor no Coração de Deus
Flua amor aos corações dos homens
Que o Cristo retorne à Terra

Do centro onde a Vontade de Deus é conhecida
Guie o propósito as pequenas vontades dos homens –
O Propósito que os Mestres conhecem e servem

Do centro que chamamos raça dos homens
Cumpra-se o Plano de Amor e Luz
E mure-se a porta onde mora o mal.

Que a Luz, o Amor e o Poder
Restabeleçam o Plano na Terra

✦

A Grande Invocação, usada pelo Cristo pela primeira vez em Junho de 1945, foi liberada por Ele para a humanidade, afim de nos permitir invocar as energias que mudariam o nosso mundo e tornar possível o retorno do Cristo e da Hierarquia. Esta não é a forma utilizada pelo Cristo. Ele usa uma fórmula antiga, com sete frases místicas de tamanho, em uma antiga língua sacerdotal. Ela foi traduzida (pela Hierarquia) em termos que nós podemos usar e entender, e, traduzida para muitas línguas, ela é usada diariamente em cada país do mundo.

A Oração Para a Nova Era

Eu sou o Criador do Universo.

Eu sou o Pai e a Mãe do Universo

Tudo vem de Mim.

Tudo retornará à Mim.

Mente, Espírito e Corpo são Meus templos.

Para o Alma perceber neles

Meu Ser Supremo e Transformação.

✦

A Oração para a Nova Era, dada por Maitreya, o Instrutor do Mundo, é um grande mantra ou afirmação com um efeito invocativo. Ela será uma ferramenta poderosa para reconhecermos que o homem e Deus são Um, que não há separação. O "Eu" é o Princípio Divino por trás de toda a criação. A Alma emana do, e é idêntica ao Princípio Divino.

A maneira mais eficiente de usar este mantra é a de dizer ou pensar nas palavras com a vontade focada, mantendo a atenção no centro ajna entre as sobrancelhas. Quando a mente entende o significado dos conceitos, e simultaneamente a vontade é trazida à frente, estes conceitos serão ativados e o mantra funcionará. Se ela for dita de forma séria todos os dias, crescerá dentro de você uma percepção do seu verdadeiro Ser.

Glossário de Termos Esotéricos

Alma (Ego, Ser Superior, governante interno, Cristo interno, Filho da Mente, Anjo Solar) — O princípio de ligamento entre o Espírito e a matéria; entre Deus e Sua forma. Oferece consciência, característica e qualidade para todas as manifestações na forma.

Antahkarana — Um canal invisível de luz formando a ponte entre o cérebro físico e a alma, construído através da meditação e serviço.

Anti-cristo — Energia do aspecto Vontade de Deus, em sua fase involucionária, que destrói as velhas formas e relacionamentos, por exemplo no final de uma era, para preparar o caminho para as forças construtoras do Princípio Crístico. Manifestado em tempos Romanos através do imperador Nero e em tempos modernos através de Hitler e seis de seus associados.

Ashram — O grupo de um Mestre. Na Hierarquia Espiritual, existem 49 ashrams, sete maiores e 42 subsidiários, cada um encabeçado por um Mestre da Sabedoria.

Átomos permanentes — Os três átomos de matéria – física, astral e mental – ao redor do qual os corpos para uma nova encarnação são formados. Eles mantém a taxa vibratória do indivíduo no momento da morte, garantindo que o status energético evolucionário até então atingido será levado adiante pelas vidas sucessivas.

Auto-realização — O processo de reconhecer e expressar nossa natureza divina.

Avatar — Um Ser espiritual que desce em resposta ao chamado e necessidade da humanidade. Existem Avatares humanos, planetários e cósmicos. Os últimos seriam chamados de "Encarnações Divinas". Seus ensinamentos, corretamente apreendidos e gradualmente aplicados pela humanidade, expandem nossa compreensão e apresentam o próximo passo à frente no desenvolvimento evolucionário da humanidade.

Avatar da Síntese — Um grande Ser cósmico que encarna as energias da Vontade, Amor, Inteligência e outra energia para a qual nós ainda não temos nome. Desde os anos 1940, Ele esteve enviando essas energias para o mundo, gradualmente transformando divisão em unidade.

Buda — Último Avatar da era de Áries. Anterior Instrutor do Mundo que se manifestou através do príncipe Gautama em cerca de 500 AC. A Encarnação da Sabedoria, Ele atualmente age como o "Intermediário Divino" entre Shamballa e a Hierarquia. Budistas esperam seu próximo grande instrutor sobre o nome de Buda Maitreya.

Budi — A alma universal ou mente; razão superior; compreensão amorosa; amor-sabedoria. A energia do amor como os Mestres a experienciam.

Chakras — Centros de energia (vórtices) no corpo etérico relacionados a espinha e as sete mais importantes glândulas endócrinas. Responsável pela coordenação e vitalização de todos os corpos (mental, astral e físico) e suas correlações com a alma, o centro principal de consciência. Existem sete grandes chakras e 42 menores.

Centro ajna — O centro de energia (chakra) entre as sobrancelhas. Centro diretor da personalidade. Sua correspondência no nível físico é a glândula pituitária.

Consciência Crística — A energia do Cristo Cósmico, também conhecido como o Princípio Crístico. Encarnado por nós pelo Cristo, ela está no presente despertando nos corações de milhões de pessoas todas ao redor do mundo. A energia da evolução por si.

Corpo astral — O veículo emocional de um indivíduo.

Corpo Causal — O veículo de expressão da alma no plano causal. O receptáculo onde a consciência do ponto evolucionário de uma pessoa é guardado.

Corpo etérico — A contraparte energética do corpo físico, composto de sete maiores centros (chakras) e 49 centros menores, uma rede que conecta todos os centros, e fios infinitesimalmente pequenos de energia (nadis) que estão por baixo de cada parte do sistema nervoso. Bloqueios no corpo etérico podem resultar em doenças físicas.

Corpo mental — O veículo da personalidade nos planos mentais.

Cristo — O termo usado para designar o cabeça da Hierarquia Espiritual; o Instrutor do Mundo; o Mestre de todos os Mestres. O cargo atualmente mantido pelo Senhor Maitreya.

Deus (ver também Logos) — O grande Ser Cósmico Que encarna este planeta, encarnando todas as Leis e todas as energias governadas por essas Leis, que compõem tudo o que nós vemos e não conseguimos ver.

Deva — Anjo ou ser celestial pertencendo a um reino na natureza evoluindo paralelamente a humanidade, e variando de elementais sub-humanos a seres super-humanos em um nível igual ao de um Logos planetário. Eles são os "construtores ativos", trabalhando inteligentemente com a substância para criar todas as formas que nós vemos, incluindo os corpos mental, emocional e físico da humanidade.

Dia da Declaração — Dia no qual Maitreya irá se tornar conhecido ao mundo durante uma transmissão ao redor do mundo de rádio e televisão. Mesmo aqueles que não estarão ouvindo ou assistindo, irão ouvir suas palavras telepaticamente em suas próprias línguas e, ao mesmo tempo, centenas de milhares de curas espontâneas irão ocorrer através do mundo. O começo da missão aberta de Maitreya no mundo.

Encarnação — Manifestação da alma como a personalidade tripla, sobre a Lei da Reencarnação.

Era — Ciclo mundial, aproximadamente 2.150 anos, determinada pela relação da terra, o sol e as constelações do zodíaco.

Esoterismo — A filosofia do processo evolucionário tanto no homem e nos reinos inferiores na natureza. A ciência da sabedoria acumulada das eras. Apresenta um relato sistemático e compreensivo da estrutura energética do Universo e do lugar do homem dentro dele. Descreve as forças e influências que estão por trás do mundo fenomênico. Também, o processo de se tornar consciente e gradualmente controlar estas forças.

Espírito — Como utilizado por Maitreya, um termo significando a soma total das energias – a força de vida – animando e vitalizando um indivíduo. Também usado, mais esotericamente, significando a Mônada que reflete a si mesma na alma.

Espírito da Paz ou Equilíbrio — Um Ser cósmico que dá assistência ao trabalho de Maitreya ofuscando ele com Sua energia. Ele trabalha de perto com a Lei de Ação e Reação, para transformar as condições presentemente caóticas no estado oposto na exata proporção.

Espiritual — A qualidade de qualquer atividade que leva o ser humano à frente em alguma forma de desenvolvimento – físico, emocional, intuicional, social – em avanço ao seu estágio presente.

Evolução — O processo de espiritualização da matéria; o caminho de volta para a Fonte. O livrar-se dos véus da desilusão e ilusão levando eventualmente à consciência cósmica.

Forças da Escuridão (Forças do Mal, Forças da Materialidade) — As forças involucionárias ou materialistas que elevam o aspecto matéria do planeta. Quando elas exageram em seu papel e colidem sobre o progresso espiritual da humanidade, elas são designadas como más.

Forças da Luz (Forças da Evolução) — A Hierarquia Espiritual de nosso planeta. Centro planetário do Amor-Sabedoria.

Grande Invocação — Uma fórmula antiga, traduzida pela Hierarquia para o uso da humanidade para invocar as energias que irão mudar nosso mundo. Traduzida para muitas línguas, ela é utilizada diariamente por milhões de pessoas.

Guru — Um instrutor espiritual.

Hierarquia — Ver Hierarquia Espiritual.

Hierarquia Espiritual (Fraternidade Branca, Sociedade de Mentes Iluminadas) — O Reino de Deus, o Reino Espiritual ou o Reino das almas, composto dos Mestres e iniciados de todos os graus e cujo propósito é o de implementar o Plano de Deus. Centro planetário do Amor-Sabedoria.

Homem/mulher — A manifestação física de uma Mônada espiritual (ou Ser), que é uma centelha individual do Espírito Uno (Deus).

Imam Mahdi — O profeta cujo retorno é aguardado por algumas seitas Islâmicas de maneira que ele possa completar o trabalho iniciado por Maomé.

Iniciação — Um processo voluntário pelo qual sucessivos e graduados estágios de unificação ocorrem entre o homem ou mulher em encarnação, sua alma, e a divina Mônada ou centelha de Deus. Cada estágio confere sobre o iniciado uma compreensão mais profunda do sentido e propósito do Plano de Deus, uma consciência mais completa de sua parte no Plano, e uma habilidade crescente de trabalhar conscientemente e inteligentemente em direção ao seu cumprimento.

Instrutor do Mundo — O cabeça da Hierarquia Espiritual em qualquer ciclo. O Mestre de todos os Mestres. O cargo ocupado presentemente pelo Senhor Maitreya.

Involução — O processo pelo qual o espírito desce para a matéria, seu pólo oposto.

Jesus — Um Mestre da Sabedoria e discípulo do Cristo, Maitreya. Permitiu ao Cristo trabalhar através dele durante o período de seu batismo até a crucificação 2.000 anos atrás. No tempo vindouro, ele irá ter um grande papel em inspirar e reorientar todo o campo da religião Cristã.

Karma — Nome oriental para a Lei de Causa e Efeito. A lei básica governando nossa existência neste sistema solar. Cada pensamento, cada ação que nós temos e realizamos coloca em movimento uma causa. Estas causas tem seus efeitos, que criam nossas vidas, para o bem ou para o mau. Expresso em termos bíblicos: Como você semeia, assim você colherá. Em termos científicos: Para cada ação existe uma igual e oposta reação.

Krishna — Um grande Avatar Que apareceu cerca de 3.000 AC e serviu como o veículo de manifestação para o Senhor Maitreya durante a era de Áries. Demonstrando a necessidade de controle da natureza astral/emocional, Krishna abriu a porta para a segunda iniciação. Hindus esperam uma nova encarnação de Krishna no final da Kali Yuga, a era negra.

Lei de Causa e Efeito (Lei de Ação e Reação) — Ver Karma.

Lei de Renascimento — Ver Reencarnação.

Logos — Deus. O Ser Cósmico Que encarna um planeta (Logos Planetário), um sistema solar (Logos Solar), uma galáxia (Logos Galático) e por aí vai até o infinito.

Logos Planetário — Ver Sanat Kumara.

Logos Solar — Ser Divino animando nosso sistema solar.

Maitreya — O Instrutor do Mundo para a era de Aquário. O Cristo e cabeça da Hierarquia Espiritual de nosso planeta. O Mestre de todos os Mestres.

Mal — Qualquer coisa que impeça o desenvolvimento evolucionário.

Manas — Mente superior.

Mantra — Fórmula ou arranjo de palavras ou silabas que, quando corretamente soadas, invocam energia.

Meditação — Meio científico de contatar sua alma e eventualmente se tornar um com a alma. Também o processo de ser aberto à impressão espiritual e assim cooperar com a Hierarquia Espiritual.

Meditação de Transmissão — Uma forma especializada de meditação de grupo e serviço no qual os membros oferecem seus centros de energia (chakras) como instrumentos para levarem abaixo as energias emanando da Hierarquia Espiritual de Mestres. Ela oferece ao planeta um reservatório de energia mais acessível e útil para a humanidade. Também um método potente de desenvolvimento espiritual pessoal.

Mestres da Sabedoria — Indivíduos que tomaram a quinta iniciação, tendo passado através de todas as experiências que a vida neste mundo oferece e, no processo, tendo adquirido total maestria sobre si mesmos e as leis da natureza. Guardiões do Plano de Evolução e todas as energias entrando neste planeta que levam ao cumprimento do Plano.

Mônada/ Ser — Puro Espírito refletindo a triplicidade da divindade: (1) Divina Vontade ou Poder (o Pai); (2) Amor-Sabedoria (o Filho); (3) Inteligência Ativa (o Espírito Santo). A centelha de Deus residente em cada ser humano.

Oculto — Escondido. A ciência oculta da energia (ver Esoterismo).

Ofuscamento — Um processo voluntário cooperativo no qual a consciência de um Mestre temporariamente entra e trabalha através dos corpos físico, emocional e mental de um discípulo.

Personalidade — O veículo triplo da alma no plano físico, consistindo de um corpo mental, emocional (astral) e um físico-etérico.

Plano — Um nível da manifestação.

Plano astral — O plano das emoções, incluindo os pólos opostos como esperança e medo, amor sentimental e ódio, felicidade e sofrimento. O plano da ilusão.

Plano Búdico — Plano da divina intuição.

Plano Causal — O terceiro dos quatro mais elevados planos mentais no qual a alma habita.

Planos etéricos — Quatro planos de matéria mais fina do que o gasoso físico. Ainda invisíveis para a maioria das pessoas.

Plano físico — O estágio vibracional mais baixo da substância , incluindo: matéria física densa, líquida, gasosa e etérica.

Plano mental — O plano da mente onde o processo mental ocorre.

Pralaya — Um estado de existência não-mental, não-astral, não-material em algum estágio entre a morte e o renascimento, onde os impulsos de vida estão em ausência. Uma experiência de perfeita paz e felicidade sem fim anteriormente a tomar a próxima encarnação. Corresponde a idéia Cristã do paraíso.

Raios — As sete correntes da energia divina universal, cada um a expressão de uma grande Vida, cuja interação em cada freqüência concebível criam os sistemas solares, galáxias e universos. O movimento dessas energias, em ciclos espiralados, leva todos os Seres para dentro e fora da manifestação, colorindo e saturando eles com específicas qualidades e atributos.

Reencarnação (Lei do Renascimento) — O processo que permite a Deus, através de um agente (nós mesmos) levar a Si Mesmo abaixo para Seu pólo oposto – a matéria – de maneira a levar esta matéria de volta a Si Mesmo, totalmente imbuída com a natureza de Deus. A Lei do Karma leva-nos de volta para encarnação, até gradualmente, através do processo evolucionário, nós revelarmos mais verdadeiramente nossa divindade inata.

Sabedoria Eterna — Um antigo corpo de ensinamento espiritual subjacente a todas as religiões mundiais, assim como todas as realizações científicas, sociais e culturais. Tornada inicialmente disponível escrita para o público geral no final dos anos 1800 por Helena Petrovna Blavatsky e neste século por Alice A. Bailey, Helena Roerich, e Benjamin Creme.

Sanat Kumara — O Senhor do Mundo; a expressão física etérica de nosso Logos Planetário que habita em Shamballa. Um grande Ser, originalmente de Vênus, que Se sacrificou para se tornar o veículo da personalidade para a deidade animadora de nosso planeta 18,5 milhões de anos atrás. O aspecto mais próximo de Deus que nós podemos conhecer.

Senhor do Mundo — Ver Sanat Kumara.

Ser/ Mônada — A centelha divina dentro de cada ser humano.

Shamballa — Um centro de energia; o maior centro no planeta. Ele é localizado acima do Deserto de Gobi nos dois planos etéricos mais elevados. Dele e através dele flui a Força de Shamballa – a energia da Vontade ou Propósito. Ele corresponde ao centro da coroa (chakra).

Triângulo — Um grupo de três pessoas que ligam-se cada dia em pensamento para alguns minutos de meditação criativa.

Veículo — A forma pela qual seres mais elevados encontram expressão nos planos mais baixos. Os corpos físico, astral e mental, por exemplo, formam o veículo da alma nos planos interiores.

Yoga — União da natureza inferior com a superior. Diferentes formas e técnicas para ganhar controle dos corpos físico, astral e mental.

Livros por Benjamin Creme

A Missão de Maitreya, Volume Um
O primeiro de uma trilogia de livros que descrevem a emergência e ensinamentos de Maitreya, o Instrutor do Mundo. Conforme a consciência humana constantemente amadurece, muitos dos antigos "mistérios" estão sendo agora revelados. Este volume pode ser visto como um guia para a humanidade, conforme ela viaja pela jornada evolucionária. Os assuntos do livro são vastos: dos novos ensinamentos do Cristo à meditação e karma; da vida após a morte, e reencarnação, a cura e transformação social; da iniciação e o papel do serviço aos Sete Raios; de Leonardo da Vinci e Mozart à Sathya Sai Baba. Ele prepara a cena e o caminho para o trabalho de Maitreya, como Instrutor do Mundo, e a criação de uma nova e melhor vida para todos. Ele é uma poderosa mensagem de esperança.

English: "Maitreya's Mission, Volume I", 1ª edição, 1986. 3ª edição 1993, reimpresso em 2003. ISBN 90-71484-08-4, 373 pp.

Portuguese: "A Missão de Maitreya, Volume Um", 1ª edição, 2017. ISBN 978-94-91732-05-8, 418 pp.

Unidade na Diversidade: O Caminho Adiante Para A Humanidade
Nós precisamos de uma nova, esperançosa visão do futuro. Este livro apresenta tal visão: um futuro que engloba um mundo em paz, harmonia e unidade, enquanto que cada qualidade e abordagem individual é bem-vinda e necessária. Ele é visionário, mas expresso com uma lógica convincente.

Unidade na Diversidade: O Caminho Adiante para a Humanidade diz respeito ao futuro de cada homem, mulher e criança. Ele é sobre o futuro da própria Terra. A humanidade, diz Creme, está em uma encruzilhada e tem uma grande decisão a tomar: seguir em frente e criar uma brilhante nova civilização na qual todos são livres e a justiça social reina, ou continuar como nós estamos, divididos e competindo, e vermos o fim da vida no planeta Terra.

Creme escreve em nome da Hierarquia Espiritual na Terra, cujo Plano para o aperfeiçoamento da humanidade, ele apresenta. Ele nossa essencial unidade, sem o sacrifício de nossa igualmente essencial diversidade.

Benjamin Creme, artista e autor, esteve dando palestras ao redor do mundo por quase 40 anos sobre a emergência ao mundo cotidiano de Maitreya, o Instrutor do Mundo, e Seu grupo, os Mestres da Sabedoria. Os livros de Creme, dezesseis presentemente, foram traduzidos para várias línguas, transformando as vidas de milhões.mostra que o caminho adiante para todos nós é a percepção de

> *English: "Unity in Diversity: The Way Ahead for Humanity", 1ª edição 2006. "ISBN 978-90-71484-98-8, 167 pp.*
>
> *Portuguese: "Unidade na Diversidade: O Caminho Adiante Para A Humanidade", 1ª edição 2017. ISBN 978-94-91732-10-2, 188 pp.*

Os ensinamentos da sabedoria eternal
"Sempre foi a política da Hierarquia Espiritual a de manter a humanidade informada sobre, e em contato com, todos os aspectos do conhecimento esotérico que podem ser seguramente divulgados e tornados exotéricos.

Por longos séculos isto tem sido possível, mas em um grau limitado. No último século, no entanto, mais informação foi dada, e mais conhecimento foi liberado, do que em qualquer outro momento da história da raça. Que isto é assim reflete a crescente compreensão do homem das leis internas mais sutis governando a aparência externa das coisas e eventos, e, ao mesmo tempo, sua sentida necessidade de exercer um papel totalmente consciente em sua própria evolução e desenvolvimento.

Estando, como estamos, no limiar de uma nova era, nós podemos esperar com confiança para uma liberação sem precedentes de ensinamentos anteriormente guardados que, quando absorvidos e compreendidos, lançarão uma luz maior nos mistérios do universo e da natureza do Ser do homem..." (pelo Mestre —, através de Benjamin Creme)

Este livro apresenta uma introdução a este grande corpo de sabedoria que está por detrás dos ensinamentos espirituais de todos os grupos, através das eras. Apenas descobrindo a fonte comum da qual todas as fés emergiram, os homens e mulheres verdadeiramente compreenderão sua fraternidade espiritual, como crianças do Único Pai – seja lá por qual nome eles O chamem.

English: "The Ageless Wisdom Teaching", 1ª edição 1996. "ISBN 90-71484-13-0, 167 pp.

Portuguese: "Os ensinamentos da sabedoria eternal", 1ª edição 2017. ISBN 978-94-91732-07-2, 86 pp.

O despertar da humanidade
O Despertar da Humanidade é um volume associado ao O Instrutor do Mundo para Toda a Humanidade, de Benjamin Creme, publicado em 2007, que enfatiza a natureza de Maitreya como o Instrutor do Mundo, a Encarnação do Amor e da Sabedoria.

O Despertar da Humanidade foca no dia quando Maitreya Se declarará abertamente como o Instrutor do Mundo para a era de Aquário. Ele descreve o processo de emergência de Maitreya, os passos levando ao Dia da Declaração, e a resposta da humanidade a esta grandiosa experiência.

Quanto ao Dia da Declaração, o Mestre de Benjamin Creme diz: "Nunca antes os homens terão ouvido o chamado de sua divindade, o desafio de suas presenças aqui na Terra. Cada um, individualmente, e solenemente sozinho, saberá por este período de tempo, o proposito e significado de suas vidas, experienciarão novamente a graça da infância, a pureza da aspiração purificada do ser. Por estes preciosos minutos, os homens saberão novamente a alegria da total participação nas realidades da Vida, se sentirão conectados um ao outro, como a memória de um passado distante."

Este livro profético dá ao leitor esperança e expectativa para os alegres e transformadores eventos que estão a caminho.

English: "The Awakening of Humanity", 1ª edição 2008. "ISBN 13: 978-90-71484-41-4, 167 pp.

Portuguese: "O despertar da humanidade", 1ª edição 2017. ISBN 978-94-91732-09-6, 158 pp.

O instrutor do mundo para toda a humanidade

Maitreya, o Instrutor do Mundo, está pronto para emergir publicamente. Este livro apresenta uma visão geral deste grandioso evento: o retorno ao mundo cotidiano de Maitreya em Julho de 1977, e a gradual emergência do Seu grupo, os Mestres da Sabedoria; as enormes mudanças que a presença de Maitreya trouxe; e Seus planos, prioridades e recomendações para o futuro imediato. Maitreya é mostrado tanto como um Grande Avatar Espiritual e, ao mesmo tempo, um amigo e irmão da humanidade.

O conselho de Maitreya levará a humanidade a uma simples escolha. Ou continuar em nosso presente destrutivo modo de vida e perecer, ou aceitar de bom grado Seu conselho para inaugurar um sistema de partilha, garantindo a justiça, paz e a criação de uma civilização baseada na divindade interna de todos.

English: "The World Teacher For All Humanity", 1ª edição 2008. "ISBN 978-90-71484-39-1, 167 pp.

Portuguese: "O instrutor do mundo para toda a humanidade", 1ª edição 2017. ISBN 978-94-91732-08-9, 146 pp.

Transmissco: uma meditago para a nova era

A Meditação de Transmissão é uma forma de meditação grupal para o propósito de "levar abaixo" (transformar) energias espirituais que assim se tornam acessíveis e úteis ao público geral. É a criação, em cooperação com a Hierarquia dos Mestres, de um vórtice ou reservatório de elevada energia para o benefício da humanidade.

Introduzida em 1974 por Benjamin Creme sobre a direção de seu Mestre, esta forma de serviço, que é simples de se fazer, é ao mesmo tempo uma maneira poderosa de crescimento pessoal. A meditação é a combinação de duas yogas: Karma Yoga (yoga do serviço) e Laya Yoga (yoga da energia ou centros). Ela é um serviço no qual nós podemos estar envolvidos pelo resto de nossas vidas sabendo que estamos ajudando na evolução da humanidade para, e além, da Nova Era. Existem centenas de grupos de Meditação de Transmissão ativos em muitos países ao redor do mundo.

Neste prático e inspirador livro, Benjamin Creme descreve os objetivos, técnica e resultados da Meditação de Transmissão, assim como propósito por trás da meditação para o desenvolvimento do discípulo.

English: "Transmission: A Meditation for the New", 1ª edição 1983. 4ª edição 1998. ISBN 90-71484-17-3, 204 pp.

Portuguese: "Transmissco: uma meditago para a nova era", 1ª edição 2017. ISBN 978-94-91732-06-5, 262 pp.

The Reappearance of the Christ and the Masters of Wisdom
Em seu primeiro livro, Benjamin Creme dá o plano de fundo e informação pertinente ao que diz respeito a emergência de Maitreya (o Cristo), como o Instrutor do Mundo, para a Nova Era agora nascendo. Esperado sobre diferentes nomes por todos os grupos religiosos, Maitreya vem para nos ajudar a criar cooperação entre as muitas facções ideológicas, galvanizar a boa vontade e partilha do mundo, e inspirar profundas reformas políticas, sociais, econômicas e ambientais. Benjamin Creme coloca o mais profundo evento dos últimos 2.000 anos em seu correto contexto esotérico, e descreve que efeito a presença do Instrutor do Mundo terá tanto nas instituições do mundo e na pessoa comum. Através de seu contato telepático com um Mestre da Sabedoria, Creme oferece revelações sobre tais assuntos como a alma e reencarnação; medo da morte; telepatia; meditação; energia nuclear; antigas civilizações; ÓVNIs; problemas do mundo em desenvolvimento; uma nova ordem econômica; o Anticristo; e o "julgamento final".

English: 1ª edição 1979, ISBN 0-936604-00-X, 254 pp.

Messages from Maitreya the Christ
Durante anos de preparação para Sua emergência, Maitreya deu 140 Mensagens através de Benjamin Creme durante palestras públicas em Londres de 1977 a 1982. O método usado foi ofuscamento mental e um contato telepático conseqüentemente desenvolvido.

As mensagens de Maitreya sobre partilha, cooperação e unidade inspiram leitores a espalharem as notícias do Seu reaparecimento e em trabalhar urgentemente para o resgate de milhões sofrendo de pobreza e fome em um mundo de plenitude. Na Mensagem Nº 11, Maitreya diz: "Meu Plano é o de mostrar à vocês que o caminho para fora de seus problemas é escutar novamente a verdadeira voz de Deus dentro de seus corações, partilhar os produtos deste mundo dos mais caridosos entre seus irmãos e irmãs em todos os lugares..." (5 de Janeiro de 1978)

As palavras de Maitreya são uma fonte única de sabedoria, esperança e socorro neste tempo crítico de mudança mundial, e quando lidas em voz alta, estas profundas, e mesmo assim simples Mensagens, invocam Sua energia e benção.

English: 1ª edição Vol I 1981, Vol II 1986, 2ª edição combinada 1992, reimpresso em 2001. ISBN 90-71484-22-X, 286 pp

A Master Speaks
A humanidade é guiada por trás das cenas por um altamente evoluído e iluminado grupo de homens Que nos precederam sobre o caminho da evolução. Estes Mestres da Sabedoria, como Eles são chamados, dificilmente aparecem abertamente, mas normalmente trabalham através de Seus discípulos – homens e mulheres que influenciam a sociedade através de seus trabalhos na ciência, educação, arte, religião, política, e em cada departamento da vida.

O artista Britânico Benjamin Creme, é um discípulo de um Mestre com o Qual ele está em contato telepático próximo. Desde o lançamento da *Share International*, a revista da qual Benjamin Creme é editor, seu Mestre contribuiu com cada edição com um artigo inspirador sobre uma ampla gama de assuntos: razão e intuição; a nova civilização; saúde e cura; a arte de viver; a necessidade por síntese; justiça é divina; o Filho do Homem; direitos humanos; a lei do renascimento; o fim da fome; partilha para a paz; a ascensão do poder das pessoas; o futuro mais brilhante; cooperação – e muito mais.

O principal propósito destes artigos é o de atrair a atenção às necessidades do presente e imediato tempo futuro, e dar informação sobre os ensinamentos de Maitreya, o Mestre de todos os Mestres. A terceira edição contem todos os 223 artigos dos primeiros 22 volumes da *Share International*.

English: 1ª edição 1985. 3ª edição expandida 2004. ISBN 90-71484-29-7, 452 pp.

Maitreya's Mission, Volume Two
Este inspirador e acolhedor livro oferece nova esperança e orientação à um mundo em sofrimento no limiar de uma Era Dourada. Ele apresenta os ensinamentos de Maitreya, o Instrutor do Mundo, tanto no nível exterior, prático, e nos níveis internos, espirituais; Suas unicamente precisas previsões de eventos mundiais, que surpreenderam a mídia internacional; e Suas milagrosas aparições que trouxeram esperança e inspiração para muitos milhares. Ele também contém uma série de entrevistas únicas com o Mestre de Benjamin Creme, que lança nova e reveladora luz sobre alguns dos maiores problemas que a humanidade encara.

Este livro cobre uma enorme gama de assuntos: os ensinamentos de Maitreya; o crescimento da consciência; novas formas de governo; comercialização e forças de mercado; o princípio da partilha; vida na Nova Era; escolas sem muros; a Tecnologia da Luz; círculos nas plantações; o Ser; telepatia; doença e morte; energia e pensamento; Meditação de Transmissão; o propósito da alma. Também inclui transcrições de inspiradoras palestras de Benjamin Creme sobre "A Superação do Medo" e "O Chamado do Serviço."

English: 1ª edição 1993, reimpresso em 2004. ISBN 90-71484-11-4, 753 pp.

Os Ensinamentos da Sabedoria Eterna
Uma visão geral do legado espiritual da humanidade, esta brochura serve como uma introdução concisa e fácil de se entender aos Ensinamentos da Sabedoria Eterna. Ela explica os preceitos básicos do esoterismo, incluindo: fonte de Ensinamento; a emergência do Instrutor do Mundo; renascimento e reencarnação; a Lei de Causa e Efeito; o Plano de evolução; origem do homem; meditação e serviço; mudanças futuras. Também inclui um glossário esotérico e uma lista de leitura recomendada.

English: 1ª edição 1996, reimpresso em 2006. ISBN 978-90-71484-13-1, 76 pp.

Maitreya's Mission, Volume Three
Benjamin Creme apresenta uma incentivadora visão do futuro. Com Maitreya, o Instrutor do Mundo, e Seus discípulos, os Mestres da Sabedoria abertamente oferecendo Suas orientações, a humanidade criará uma civilização digna de seu potencial divino. Paz será estabelecida; partilha dos recursos do mundo a norma; manter o nosso meio ambiente uma prioridade. A nova educação irá ensinar o fato da alma e a evolução da consciência. As cidades do mundo serão transformadas em centros de grande beleza.

Este livro oferece sabedoria inestimável sobre uma ampla gama de tópicos. Ele inclui as prioridades de Maitreya para o futuro, e entrevistas com um Mestre da Sabedoria sobre "O Desafio do Século 21". Ele explora o karma e a reencarnação, a origem da humanidade, meditação e serviço, o Plano de evolução, e outros conceitos fundamentais dos Ensinamentos da Sabedoria Eterna. Ele inclui um olhar fascinante de um ponto de vista esotérico, da perspectiva espiritual, de dez artistas famosos-- entre eles, da Vinci, Michelangelo e Rembrandt-- por Benjamin Creme, ele mesmo um artista.

Como os dois primeiros volumes de *Maitreya's Mission*, este trabalho combina profundas verdades espirituais com soluções práticas aos problemas mais incômodos de hoje. Ele é na verdade uma mensagem de esperança para a humanidade, pronta para "começar a criação de uma civilização como o mundo nunca viu antes."

English: 1ª edição 1997. ISBN 90-71484-15-7, 704 pp.

The Great Approach: New Light and Life for Humanity
Este livro profético se encaminha aos problemas de nosso mundo caótico e a sua gradual mudança sobre a influência de um grupo de homens perfeitos, os Mestres da Sabedoria, Que, com Seu líder Maitreya, o Instrutor do Mundo, estão retornando abertamente ao mundo pela primeira vez em 98.000 anos.

O livro cobre tópicos como: partilha, os EUA em um dilema; conflitos étnicos; crime e violência; meio ambiente e poluição; engenharia genética; ciência e religião; a natureza da luz; saúde e cura; educação; milagres; a alma e encarnação. Uma síntese extraordinária de conhecimento, ele lança um farol sobre o futuro; com visão clara ele prevê nossas mais elevadas realizações do pensamento, afim de revelar as incríveis descobertas científicas que estão adiante. Ele nos mostra um mundo no qual a guerra é uma coisa do passado, e as necessidades de todos são satisfeitas.

English: 1ª edição 2001. ISBN 90-71484-23-8, 320 pp.

The Art of Co-operation

The Art of Co-operation lida com os problemas mais urgentes de nosso tempo, e suas soluções, do ponto de vista dos Ensinamentos da Sabedoria Eterna que, por milênios, revelaram as forças subjacentes ao mundo exterior. Benjamin Creme traz estes ensinamentos à atualidade, preparando o caminho para a eminente emergência de Maitreya, o Instrutor do Mundo, e Seu grupo de Mestres da Sabedoria.

Este volume olha para um mundo preso em antiga competição, tentando resolver seus problemas por métodos antigos e ultrapassados, enquanto que a resposta – cooperação – está em nossas mãos. Ele mostra o caminho para um mundo de justiça, liberdade e paz através de uma crescente apreciação da unidade subjacente à toda vida. Maitreya irá nos inspirar à esta crescente percepção.

Tópicos incluem: a necessidade por cooperação; os EUA e a competição; organismo contra organização; oportunidade para serviço; medo da perda; karma; amor; coragem e desapego; superação do glamour; como os Mestres ensinam; unidade na diversidade; consenso; confiança.

English: 1ª edição 2002. ISBN 90-71484-26-2, 235 pp.

Maitreya's Teachings: The Laws of Life

Nós não temos nem fragmentos dos ensinamentos dos anteriores Instrutores do Mundo dados anteriormente a um certo conhecimento de Suas existências. Nós não temos os ensinamentos de um Cristo, ou um Buda, ou um Krisnha, com exceção daqueles vistos através dos olhos de seguidores posteriores. Pela primeira vez é nos dado o sabor dos ensinamentos e revelações de um Ser de incomensurável estatura, afim de nos permitir compreender o caminho da evolução se desenrolando a nossa frente que Ele veio delinear para nós. A impressão deixada em mente pelo Instrutor é a de que a amplitude, a profundidade de Seu conhecimento e consciência não têm limites; que Ele é tolerante e sábio além da imaginação, e de uma humildade impressionante.

Poucos poderiam ler estas páginas sem se transformarem. Para alguns, as revelações extraordinárias sobre os eventos mundiais serão de maior interesse, enquanto que para outros, a revelação dos segredos da auto-realização, a simples descrição da verdade experienciada, será uma revelação. Para qualquer um procurando entender as Leis da Vida, estas revelações sutis e férteis irão levá-los rapidamente ao núcleo da própria Vida, e oferecer à eles um caminho simples levando ao alto da montanha. A unidade essencial de toda a vida é descoberta de uma maneira clara e cheia de sentido. Nunca, pareceria, as Leis pelas quais nós vivemos pareceram tão naturais e tão sem limites.

English: 1ª edição, 2005. ISBN 900-17484-31-9, 253 pp.

The Art of Living: Living Within de Laws of Life
Inspirado nos escritos de dois Mestres da Sabedoria, o Mestre Djwhal Khul e particularmente o próprio Mestre de Benjamin Creme, a Parte Um deste livro considera a experiência de viver como uma forma de arte, como pintura ou música. Para se alcançar um alto nível de expressão, são necessários tanto conhecimento e uma adesão à certos princípios fundamentais. Na arte da vida, é através da compreensão da grande Lei de Causa e Efeito, e da relacionada Lei do Renascimento, que nós alcançamos a calma, a inofensividade que leva à felicidade pessoal, corretas relações humanas e o correto caminho para toda a humanidade em sua jornada evolucionária.

Partes Dois e Três, "Os Pares de Opostos" e "Ilusão", propõem que é a posição única do homem no esquema evolucionário – o ponto de encontro do espírito e da matéria – que produz sua aparente luta sem fim, tanto dentro de si mesmo, como na vida exterior. Os meios pelos quais ele emerge da névoa da ilusão, e une esses dois aspectos de si mesmo em um Todo perfeito, é viver a própria vida com crescente desapego e autoconsciência objetiva.

English: 1ª edição 2006. ISBN 978-90-71484-37-7, 251 pp.

Os livros acima foram publicados pela Fundação Share International (Amsterdã, Londres). A maioria deles foram traduzidos e publicados em Holandês, Francês, Alemão, Japonês e Espanhol por grupos respondendo à esta mensagem. Alguns também foram publicados em Chinês, Croata, Finlandês, Grego, Hebraico, Italiano, Português, Romeno, Russo, Esloveno e Sueco. Mais traduções estão planejadas. Livros, assim como fitas de áudio e vídeo, estão disponíveis em livrarias locais.

Share International

Uma revista única, contendo todo mês: informação atualizada sobre a emergência de Maitreya, o Instrutor do Mundo; um artigo de um Mestre da Sabedoria; expansões dos ensinamentos esotéricos; respostas de Benjamin Creme quanto a uma ampla variedade de tópicos e perguntas esotéricas; artigos por e entrevistas com pessoas na frente de mudanças mundiais progressivas; notícias de agências da ONU e relatórios de desenvolvimentos positivos na transformação de nosso mundo.

A *Share International* une as duas maiores direções do pensamento da Nova Era – a política e a espiritual. Ela mostra a síntese subjacente as mudanças políticas, sociais, econômicas e espirituais agora ocorrendo em uma escala global, e procura estimular ação prática para reconstruir nosso mundo sobre linhas mais justas e compassivas.

A *Share International* cobre notícias, eventos e comentários relacionados às prioridades de Maitreya: um adequado suprimento de alimento correto, casa e abrigo para todos, saúde e educação como direitos universais, e a manutenção do equilíbrio ecológico no mundo. *ISSN 0169-1341*

Versões da *Share International* estão disponíveis em Holandês, Francês, Alemão, Japonês, Romeno, Esloveno e Espanhol. Para informação sobre assinatura, contate o escritório apropriado abaixo.

Para as Américas do Norte, Central e do Sul,
Austrália, Nova Zelândia e as Filipinas
Share International USA
Caixa Postal 971, North Hollywood, CA 91603, EUA

Para o Reino Unido
Share International
Caixa Postal, 3677, Londres, NW5 1RU, Reino Unido

Para o resto do mundo
Share International
Caixa Postal, 41877, 1009 DB Amsterdã, Holanda

Extensiva informação e extratos da revista são publicados online em: **www.share-international.org** e **www.share-internationa.org/portuguese**

Leituras recomendadas

Alice A. Bailey. Vários trabalhos incluindo:
Iniciação, Humana e Solar (Fundação Cultural Avatar, Brasil; Lucis Publishing Co, Nova York, 1922)

O Reaparecimento do Cristo (Fundação Cultural Avatar, Brasil; Lucis Publishing Co, Nova York, 1948)

A Exteriorização da Hierarquia (Fundação Cultural Avatar, Brasil; Lucis Publishing Co, Nova York, 1957)

Ponder on This (Fundação Cultural Avatar, Brasil; Lucis Publishing Co, Nova York, 1971)

Jurriaanse, Aaart. *Bridges.* (Bridges Trust, Pretoria, África do Sul, 1978)

_____. *Prophecies.* (World Unity and Service, Inc, Craighall, África do Sul, 1977)

Blavatsky, H.P. *A Doutrina Secreta* (Editora Pensamento, Brasil, 1988)

_____. *Isis sem Véu* (Editora Pensamento, Brasil, 1877)

Helena Roerich. Vários trabalhos incluindo:

Folhas no Jardim de Morya, Vol I: O Chamado. (Fundação Cultural Avatar, Brasil, 1924)

Folhas no Jardim de Morya, Vol II: Iluminação. (Fundação Cultural Avatar, Brasil, 1925)

✦

Alder, Vera Stanley. *A Iniciação do Mundo* (Editora Pensamento, Brasil; Rider, Londres, 1939)

_____. *Humanity Comes of Age* (Editora Pensamento, Brasil; Rider, Londres, 1950)

Besant, Annie. *O Cristianismo Esotérico*. (Editora Pensamento, Brasil, 1989)

Hall, Manly P. *Os Ensinamentos Secretos de Todos os Tempos*. (Philosophical Research Facility, Los Angeles, EUA, 1949)

Krishnamurti, J. Vários trabalhos incluindo:
Comentários sobre o Viver, (Série 1-3. Editora Nova Era, Brasil, 1992)

_____. *A Primeira e Última Liberdade* (Editora Cultrix, Brasil, 1975)

_____. *Educação e o Significado da Vida* (Editora Cultrix, Brasil, 1982)

Leadbeater, C.W. Vários trabalhos incluindo:
Os Mestres e a Senda (Editora Pensamento, Brasil, 1973)

Homem, Visível e Invisível (Editora Conhecimento, Brasil, 1971)

A Vida Interna (Editora Teosófica, Brasil, 1978)

Macdonald Bayne, M. *Beyond the Himalayas.* Fowler & Co, Londres. (Reimpresso por Mystica Publications, Christchurch, Nova Zelândia, 2002)

Murphet, Howard. *Trilhando o Caminho com Sai Baba*. Editora Nova Era, Brasil, 1993)

Omananda, Swami. *Towards the Mysteries.* Neville Spearman, Londres, 1968.

Spalding, Baird T. *Vida e Ensinamentos dos Mestres do Extremo Oriente*. (Editora Pensamento, Brasil, 1924)

Sinnet, A.P. *Carta dos Mahatmas.* Editora Teosófica, Brasil, 1992)

_____.*Esoteric buddhism* (San Diego, CA: Wizards Bookshelf, 1987)

Yogananda, Paramahansa: *Autobiografia de um Iogue* (Editora Realization, Brasil, 1972.

www.ingramcontent.com/pod-product-compliance
Lightning Source LLC
Chambersburg PA
CBHW071319040426
42444CB00009B/2051